音近词辨析手册

高玉林　刘配书　著

中国国际广播出版社

序

《音近词辨析手册》是刘配书、高玉林合作出版的第三部词语辨析专著。

我素来敬佩刘配书、高玉林两位学者，为他们的呕心沥血之作写序，不仅是一份荣幸，更是一份责任。刘配书上世纪60年代就读于复旦大学，毕业后从事了近五十年的文字工作；高玉林，学界后起之秀，年轻的副教授。二人学识渊博，功底深厚，合著的语言文字辨析之作，接连问世。

汉字是中华民族和全世界的共同财富。保护而不是糟蹋这份财富，才有资格享受和使用这份财富。当前的状态是，无书不错，无报不错，既影响表达和交流，更愧对老祖宗，愧对全世界！

音近词语，是一个相对宽泛的概念，一般指读音相同或相近的词语。它的特殊构成与错误使用有直接关系。一是字形相似。汉字中，形声字占90%以上，字形相似的词，读音往往相近。如不注意分辨，常常出现错误。二是同音词语。同音词是语音相同而意义不同的词。同音词中既有书写形式相同的同音词，也有书写形式完全不同的同音词。由于同音，在使用中就可能因“听音生义”而出现错用。三是方言口语的影响。由于方言口语与普通话的发音有一定差异，方言口语中的某些词语有着特定的含义，它们与普通话中的音近词语，有些是字形相近而含义却大相径庭，这样就容易造成音近词语使用上的错误。音近词的错用、误用，当属汉语词语使用中的“常见病”“多发病”。

针对现实的需要，刘配书、高玉林犹如高明的医师把脉问诊、观形辨病，广泛搜罗、潜心研究、分析对比、细致考证，从音、形、义几个方面对音近词语进行辨析，从而撰成此书。

本书的特点之一是正错并举。所谓正者，正确使用之例句；所谓错者，错误使用之例句。通过正例，读者便于了解该词语的含义，掌握正确用法；通过错例，读者则可明了在什么情况下和什么句式中易于出错。两相对照，无疑会加深对音近词语，特别是同音词中语义虽有差异，但差异细微、稍不用心即会搞错的词语的辨析。

本书的特点之二是方言口语兼收。我国地域辽阔，民族众多，十三亿人口，七大方言区，口语丰富，方言杂陈。很多方言口语，往往带有强烈的地方特色。不掌握方言口语或对风土人情了解不够，会造成使用不当，出现“水土不服”。本书把“不论（lin）”等方言口语一并收入，加以辨析，不仅因为方言口语的使用是一种客观存在，更对读者进一步了解汉语的丰富多彩、掌握词语的多样性大有裨益。

本书的特点之三是追本溯源。在对音近词语的辨析上，不是停留在对词语本身字面的解释，而是分析其词性、探究其出处。如对“差使——差事”两个音近词的辨析，从分析词性入手，判断使用中的正误；而对“抱怨”“不再”等词语的辨析，则是通过探寻其出处，明确词语的含义及使用范围，确保使用的正确。

本书的特点之四是求真求实。书中所引音近词语的例句，都取自近些年公开发表的文章，其中绝大部分取自权威报刊和著名作家的作品。这对读者而言是一件好事，可以避免因迷信权威而造成谬种流传；对报刊和作者而言，又何尝不是一件保证语言纯洁和健康的好事？

本书的特点之五是工具作用。随着中国国际地位的提升，世界上其他国家热爱中国文化、学习汉语的人越来越多。外国人学汉语，对音近词、特别是音近词中同音词的掌握运用，常常感到“丈二和尚摸不着头脑”，不知从何处入手，对此，本书不失为一本极有参考价值的工具书。参照本书的例句辨析使用，未尝不是学习汉语的一条捷径。

当前，全社会都在大声疾呼，倡导规范汉字使用，这就特别需要文字工作者踏踏实实地工作。应该说，《音近词辨析手册》为我们开了一个好头。刘配书、高玉林两位学者，以知识分子的高度责任感，在这个领域默默耕耘，终会迎来满园春色。

孔夫子讲：“友多闻，益矣。”（《论语·季氏》）当你捧起《音近词辨析手册》时，你会感到，岂止开卷有益，简直是豁然开朗。一卷在手，如师在侧，这不就是多闻之友吗？

万海滨

2012 年 11 月 1 日

目　录

K

R

S

T

Y

Z

A

昂然——盎然

正例：

①小祚岛和大祚岛（崇武）是福建省惠安县一北一南两个半岛，形状像两只有力的蟹钳昂然伸向大海。　范菁《能盖房子的惠安女》[《人民日报》（海外版）2009 年 8 月 6 日第 08 版]

②“趣”即情趣、美趣、理趣，天地玄黄，宇宙洪荒，人情冷暖，世态炎凉，涉笔成趣，兴味盎然。　阎纲《说副刊》（《人民日报》2009 年 8 月 8 日第 08 版）

错例：

①且绿色又象征蓬勃的生命力，象征着复苏，从而，既表现集团公司的昂然生机，又体现“扬子江”的产品给人带来的回春效应。

②尽管那时你已饱尝丧失爱女之苦；尽管你又患心脏病；尽管你据说是腰间盘突出（后查实是癌）腰疼得必须卧床，可是你仍兴致昂然，屋里黑色巨型的大包一个挨一个，你要背负它们重赴已经留守一年的塔什干。

辨析：

昂然：仰头挺胸无所畏惧的样子。常用短语有：昂然屹立；气概昂然。盎然：形容气氛浓厚、趣味洋溢的样子。常用短语有：盎然生机；春意盎然；生机盎然；兴趣盎然；兴味盎然；兴致盎然。盎然生机不能写作“昂然生机”，兴致盎然不能写作“兴致昂然”。

B

报到——报道

正例：

①门开，进来的是黝黑、挺拔的巩天棚，进来后一个标准的军礼："首长好！巩天棚前来报到！" 王海鸰《相伴》（作家出版社，《北京青年报》2009年11月18日第C7版·每日连载）

②金融危机，她在CCTV上看过一期专题报道，名字像阿汤主演的大片：华尔街风暴。 毕飞宇《睡觉》（《小说月报》2010年第1期第88页）

错例：

噢，全省体育工作会议在我们市召开，五天，明天会议报道，我就得住宾馆去了，免得跑来跑去。

辨析：

报到：动词，义为向组织或主事者报告自己已经来到。报道：可作动词，也可作名词，作动词时义为通过传媒把新闻告诉受众，作名词时指用书面或音像等形式发表的新闻稿。错例中应写作"报到"。另外，"报道"和"报导"是一对异形词，现在一般写作"报道"。

报复——抱负

正例：

①乔乔道，我早就应该想到你是要报复我的，就为了我当初没有选择你，你是不会善罢甘休的。　张欣《不在梅边在柳边》（原载《江南》杂志 2011 年第 4 期，《北京青年报》2011 年 9 月 29 日第 C7 版·每日连载）

②谁承想，还没摸清楚央视大楼里面什么样，我在顺义接受完 10 天保密培训，就直接被发派到西藏电视台播《西藏新闻》去了。说是“帮助工作”，相当于下基层锻炼，一去就是一年。对于一个沉浸在热恋中，同时满怀抱负的年轻人，着实是个巨大考验。　李咏《咏远有李》（《北京晚报》2009 年 11 月 2 日第 45 版）

错例：

此事简直是匪夷所思，记者只是行使了正常的报道权力，一切关于凯恩股份的报道都是职务行为，却遭到了如此不可思议的打击抱负。

辨析：

“抱负”和“报复”，一指远大志向，一指对别人的反击。胸有“抱负”，所以要用“怀抱”的“抱”；“报复”他人，所以要用“复仇”的“复”。

报料——爆料

正例：

①往后，果然，街坊邻里谁有什么稀奇好事俏皮新事线

索，也主动给他提。老宋再经过筛选，报料给记者那里。　徐坤《通天河》（《小说选刊·精装本》2009年7月版第13页）

②台湾女演员、主持人田丽爆料称，岛内九成女星陪吃、陪睡，“几乎快要全军覆没”。　中兴《台女演员爆料：岛内九成女星陪吃陪睡》（《福建日报》2011年3月24日第5版）

错例：

近日，南海西樵的陈先生因购买的机器出现故障，致鱼塘的鱼全部死亡，在与厂家交涉索赔时，他将此事向媒体爆料，结果厂家却以此作为拒赔理由。

辨析：

报料：报告新闻报道的原始材料，着眼点在新闻事实。爆料：往往是报告能够引起轰动效应、引爆“眼球效应”的奇闻怪事。一些“爆料”，往往集中于能引起轰动的社会新闻，如天灾人祸、杀人越货、抹颈跳楼、邻里械斗等，还有则是些“人咬狗”之类的怪事逸闻。

抱怨——报怨

正例：

①颜回真正令人敬佩的，并不是他能够忍受这么艰苦的生活境遇，而是他的生活态度。在所有人都以这种生活为苦，哀叹抱怨的时候，颜回却不改变他乐观的态度。　于丹《于丹〈论语〉心得》（中华书局2006年11月版第11页）

②我从来不曾看到鲁迅有谩骂，倒是只看见他的慎重。他的骂人是极有分寸，恰如其分，连用字都非常谨严，仿佛戥子秤过似的。所谓“以直报怨”，即“以其人之道，还治其人之身”。

许寿裳《怀亡友鲁迅》(《收获》2000年第1期第129页)

③可是结婚后，你太太对你父母比对谁都好，难道她就不懂以怨报怨、以牙还牙的逻辑？　阿巳《女人的逻辑》(《北京晚报》2012年4月24日第42版)

错例：

①我想起在深圳，包租婆报怨农民工乱扔垃圾、随地吐痰的事儿来。

②是的，报怨似乎解决不了什么问题，我们花了很多时间，却是一件没有回报的事情，实在无趣。

③其实退一步海阔天空，像紫薇对待皇后一样，以德抱怨，该是何等的胸怀？

辨析：

抱怨：指心中怀有不满，责怪、埋怨别人，侧重于口头说。报怨：指对所怨恨的人做出的反应，侧重于行动，多用在成语“以德报怨”之中，作为词，现在不常用了。

暴发——爆发

正例：

①这是一场六十年一遇的大暴雨，并引发了山洪暴发，整个地区水灾严重。　李铁《李杜的憧憬》(《小说月报》2012年第3期第69页)

②便有幕僚类人物，名唤林费的，向费林进言：“现在暴发户满街拣，可大都没有根底，值什么呢，只有先生您不一样，祖上几代的尚书大学士不说，令尊翁是数一数二的实业家，国家发展史上要记一笔的……”　宗璞《她是谁?》(《中国作家》2001年第7期第114页)

③……加上入口处生命产生前火山爆发、熔岩滚滚的刺激体验，和出口处人的生老病死的展示，生命数亿年的演化秘密随着脚步的移动一一揭开……　陈晓星、王尧《让科学不再枯燥》[《人民日报》（海外版）2006 年 8 月 15 日第 03 版]

错例：

①大雨落了三天三夜，终于引得山洪爆发，大水冲垮了田埂、坝墙，蜂拥进老百姓的泥墙茅屋。

②他是爆发户，以前很穷，所以 40 岁了还是个光棍。

③投资银行工作人员蒂姆说："爆炸像是火山暴发，所有人都很困惑，大家心里都想起了'9·11'恐怖袭击。"

辨析：

"暴"，义为"突然发作"，加上"火"会更加猛烈，所以，"爆"义为"猛然破裂或迸出"。"暴发"和"爆发"，两者程度有所不同："暴发"义为"突然发作"，如"山洪暴发"（突发山洪）、"暴发户"（以不正当手段陡然发财或得势）。"爆发"义为"猛烈而突然"，如"火山爆发""爆发出热烈的掌声"。

本义——本意

正例：

①古希腊的"哲学"一词，本义就是"爱知识、爱智慧"。王文革《对高校师生关系的思考》（《光明日报》2009 年 1 月 7 日第 11 版）

②陈信全的本意是给每个人都提供自由创造的空间，但实际上似乎连他本人都不自由。　杨匡满《一个厂长和五百个大学生》（《当代》1993 年第 3 期第 130 页）

错例：

①……“观音”这个书名既符合这个词的本意和出处，也有衍生的含义。算是取巧吧。

②我的许多说法，遭到严重有悖于本义的“概括”，这是非常遗憾的。

辨析：

本义：文字学用语，指词语本来的、最初具有的意义。比如，“兵”的本义是“武器”，“汤”的本义是“热水”。本意：个人的本来的意图。一指词的意义，一指人的意图。

本原——本源

正例：

①哲学，如果想主动介入社会，就必须破除这种人为科学化的迷信，回归本原，即恢复对生活世界和人的关注。 李侠《“哲学的丑闻”与哲学的缺席》（《中国青年报》2005年3月4日）

②实践为知识之本源，从艺术实践中他创作数以千计的作品并结识无数画友、书朋。 宋冰《艺为心声 画以品重》[《人民日报》（海外版）2009年6月4日第07版]

错例：

而“想象力比知识更重要，因为知识是有限的，而想象力概括着世界上的一切”（爱因斯坦语），艺术则是想象力和创造力的本原。

辨析：

本原是哲学命题，是抽象的，指一切事物的最初根源或构成世界的最根本实体。本源是具体的，指事物产生的根源。错例中的“艺术”是具体可感的，故应将“本原”改成“本源”。

必须——必需

正例：

①学者有两种抉择，第一种是为学术而学术，必须有这批人才能保证学术研究纯正性。还有一种，…… 易中天《名人说说名人》[《人民日报》(海外版) 2009 年 8 月 14 日第 07 版]

②天气热了，各种类型的饮料就会成为每日必需，功能饮料更是受人追捧。 薄三郎《健康流言终结者》(浙江大学出版社，《北京青年报》2011 年 10 月 17 日第 C7 版·每日连载)

错例：

①你必需把个人事业和家庭矛盾处理好，不要弄得一团糟。

②“我们家住在城北小学附近，吃过晚饭后，散散步就能到时代，买点生活必须品，再散步回来，一点都不累。”市民吴先生坦言更喜欢去大超市购物。

辨析：

必须：表示事理上和情理上必要；一定要。必需：一定要有；不可少。“必须”常作副词用，修饰后面的动词或形容词。必需常作动词用，支配后面的名词。

毙命——毕命

正例：

①审判官走下庭堂靠近桂花，说，好，就你顶罪，念你是妇道人家，我会让刽子手一刀毙命，给你减少痛苦。 李治邦《津门十八街》(《小说月报》2009 年第 6 期第 72 页)

②1644年的农历甲申三月十九日，大明王朝的最后一个皇帝崇祯帝在李自成农民军的威逼下，以“三尺之组”毕命于煤山，标志着大明王朝的结束。　马勇《〈明思宗殉国三百年纪念碑〉别解》（中国共产党新闻网2008年9月22日）

错例：

对此，西双版纳民间有一说法，称作“七上八下九倒地”，大意是如果谁中了“见血封喉”的毒，那么往高处只能走七步，往低处只能走八步，但无论如何，走到第九步，都会倒地毙命。

辨析：

毕命：结束生命，多指横死。如：他毕命于车轮之下。毙命：丧命，多含贬义。如：被击中的歹徒当场毙命。“毕命”多指普通人的死亡，“毙命”多用于坏人的死亡。

编排——编派

正例：

①艺校准备编排一组表现林区生活的节目，我们找了些林区工作过的人来聊。　张曼菱《唱着来唱着去》（《当代》1987年第1期第120页）

②同情弱者的有之，欣赏青年才俊的有之，痛恨娱乐圈种种不平的有之。但更多人是对他敢于编派和戏弄权威的一种欢呼。　吕慎《安分守己并非弱者》（《光明日报》2006年3月15日第4版）

错例：

你是不是昨天请人家刘明堂来喝酒，人家没来，你面子上难堪了，所以今天一早想起来了，就编排人家。

辨析：

编派：编造情节来取笑，“派”一般读轻声。编排：按照一定的次序排列先后或编写剧本并排演。

变换——变幻

正例：

①他在村中与敌兵对射，不断变换阵地，利用各种障碍，且战且走。　杨少衡《初起的阳光》（《小说月报》2009 年第 11 期第 18 页）

②当年，他们都向往过苏联老大哥的美妙生活，他们也希冀着小安德烈长大之后能够去苏联留学。当然，他们想不到国际局势和国内局势的快速变幻，使安德烈不再会有去往苏联的可能。　铁凝《安德烈的晚上》（《小说选刊》2009 年第 10 期第 43 页）

③那些萦绕在山谷间的云雾，远远看去诗意无穷，变幻莫测。　范稳《碧色寨》（《长篇小说选刊》2011 年第 5 期第 17 页）

错例：

①江南的雨丝缠绵细腻，落在地上悄无声息，高楼耸立，立交桥上的交通灯红黄绿不断变幻，他的思绪飘散开去，想起来老家山溪中的竹排。

②而这只是一个开始，大雨后的拉尕山，其变换莫测的云雾景象更是让人目不暇接。

辨析：

“变换”“变幻”都是动词，都有变化之义。“变幻”指不规则的改变，多指抽象事物，如“世界上的政治风云变幻莫测”；“变换”指事物的一定形式或内容换成另一种，多指具体事物，如“变换一下位置”。“变幻莫测”是指变化多端，使人捉摸不定，其中的“幻”不能写成“换”。

变形——变型

正例：

①皮鞋内陇是高度透气的优质软牛皮，鞋跟采用相同皮料，加上手工镶嵌的铜钉，不易变形、走样。　李光斗《奢侈品牌的消费密码》（《文汇报》2009 年 8 月 15 日第 07 版）

②新会计观念的推出及科教单位会计改革的不断深入，给会计工作提出了更高的要求，科教单位应主动进行会计工作的转轨变型，以其推动会计观念的更新。　高晓东《科教事业单位会计观念的更新》（《人民论坛》2009 年第 14 期）

错例：

这类型帽子的特点是设计立体坚挺，不容易变型。

辨析：

变形：改变形状。变型：改变类型。变形的多是具体的事物，而变型的多是抽象的事物。

变异——变易

正例：

①应该认识到，人类开口讲话，据英国牛津一个研究室对人类语言基因变异的研究，已经有十二万年。　计亚男、柳霞《清学“三弊”——杨义访谈录》（《中华读书报》2009 年 7 月 22 日第 15 版）

②山峦变易，碉楼垮塌，耕地毁坏，有的山寨甚至滑入堰塞湖底……人亡歌息，人去艺绝。 张稚丹《羌去何处？请你转身留下》[《人民日报》(海外版) 2008 年 9 月 11 日第 07 版]

错例：

当然邮路有了变异，是从株洲火车站的邮件分拣处出发的，然后径直扑进了王塔冲。

辨析：

“变异”“变易”都与变化有关，但所指对象不同。“变”“易”同义，合起来指改变、变化，用于具体情况的变化，如“这里的情况并无多大变易”。“变异”指同性生物世代之间或同代生物不同个体之间在形态特征、生理特征等方面所表现出来的差异，如“物种变异”。

辨明——辩明

正例：

①传说我国在太古时代有个司农业、医药的神叫神农，又称炎帝神农，曾遍尝百草，辨明平、毒、寒、温种种赋性，用为药品治病。 何小颜《花疗》(《中华读书报》2008 年 10 月 15 日第 16 版)

②尽管类型多样，但核心或基础仍是“民主恳谈”，即基层党委、政府或农村自治组织在就公共事务做出决策前，先在干部和群众或群众代表之间……辩明事理，相互说服，在形成基本共识后，再通过一定程序，由基层党组织、政府、基层人大或人民群众自己做出决定。 余逊《浙江在村民自治中创造的几种模式》(《中华读书报》2008 年 11 月 5 日第 4 版)

错例：

相传，在当时无论僧俗，凡是遇到不解之难或蒙受不白之冤都向吉祥天女祈求保佑或期望能够辩明是非。

辨析：

凡与区别、辨别、分辨有关的，用“辨”；凡与言辞、辩论、辩解有关的，用“辩”。如“分辩率”应改为“分辨率”，“被告辨护律师”应改为“被告辩护律师”。“辨明”与“辩明”含义不同，适用对象也不同，如“辨明是非”是指辨别清楚是与非，“辩明事理”是指辩论清楚道理。

辨证——辩证

正例：

①一直以来，对于已患疾病的状态，西医学有辨病论治，中医学有辨证论治，这些治已病的方法都是有效的……　王琦《体质辨识是“治未病”的抓手》[《人民日报》（海外版）2009年7月24日第14版]

②同时教师要引导学生找出这种内在联系，并上升到辩证唯物主义和历史唯物主义的理论高度，用发展的观点、联系的观点分析各历史现象间的关系，准确地把握教材的知识结构，把握历史发展的基本线索和规律。　夏春仁《浅谈历史课堂的讲解技巧》（《江南时报》2009年8月6日第23版）

错例：

①领导干部只有喜欢听真话，群众和基层干部才能敢于讲真话，说真话与听真话是辨证统一的关系。

②……中医现代化的出发点，应该回到辩证论治的本来意义，回到养生治病之路。

辨析：

辨证：辨析考证，如“经学者多方辨证”，亦为中医术语，如“辨证医治”。辩证：哲学术语，如“辩证唯物主义”。

标明——表明

正例：

①信写到这里，出现的是一张手绘地图，标明了火车站到健康快餐店的路线。　李东文《婚礼进行曲》（《小说选刊》2011 年第 3 期第 49 页）

②我太了解赵倾城了，他的这番做作表明，其中必定有“猫腻”，但谁让我人穷志短呢，不能不去。　龙一《恭贺新禧》（《小说月报》2011 年第 10 期第 7 页）

错例：

国家计划委员会、国家统计局工作人员高抬着第一个五年计划各项指标和执行国家计划概况的图表，标明 6 亿人民在第一个五年计划建设的第三年，又取得了重大胜利。

辨析：

标明：指做记号或写文字使人知道。表明：指表示清楚，如表明态度、表明决心。

病原——病源

正例：

①研究发现，此次疫情的病原为变异后的新型甲型 H1N1 流感病毒，该毒株包含有猪流感、禽流感和人流感三种流感病毒的基因片段，可以在人间传播。　吴佳佳《卫生部公布新的

甲型 H1N1 流感诊疗方案》（《经济日报》2009 年 5 月 10 日第 03 版）

②所谓“理”，就是针对病症和病源，及时对症下药，理清各种问题解决的思路，理顺校内外各种关系。 沈茂德《学校应该终结工场型管理模式》（《中国教育报》2008 年 11 月 29 日第 03 版）

错例：

污染企业是一颗毒瘤，所以要赶早切除毒瘤的病灶，截住病源体的蔓延和扩散。

辨析：

“病原”指病因，也指病原体。“病源”指发生疾病的根源。可从“原因”“根源”两方面区分两个词的含义。“病原体”为固定词组，不应写成“病源体”。

病征——病症

正例：

①与患者同住的妻子被界定为密切接触者，经检测并未出现流感病征，现已安排接受家居医学观察。 傅旭《澳门一甲感病例感染源不明》[《人民日报》（海外版）2009 年 6 月 30 日第 03 版]

②而北京的大医院不仅为北京市民提供医疗服务，也担负着全国重病、疑难病症的治疗任务。 王思海、吴雨《北京 19 家医院院长“模拟患者”就诊感受“看病难”》（新华报业网 2009 年 7 月 27 日）

错例：

遇到疑难病症时，齐藤经常采用中西医相结合的方法，确定最佳治疗方案，治好了许多别的医生治不了的疑难病征。

辨析：

病症：指人所患的病，"症"即疾病。病征：疾病显示出来的征象，"征"即表露出来的迹象。能说"专治疑难病症"，不能说"专治疑难病征"。能说"不治之症"，不能说"不治之征"。

补养——哺养

正例：

①一位穷苦无靠的刘老奶奶把家中仅有的一只老母鸡杀了给孩子补养。 王圣志、何宗渝《真言如金——记安徽省政府原参事郭崇毅》（《经济日报》2008 年 12 月 5 日第 05 版）

②想象她当年在这里生活，并哺养自己的儿子们，那定是一幅很恬静又很欢悦的人间画面。 何立伟《短笛心歌》（《人民日报》2007 年 4 月 28 日第 12 版）

错例：

"唉！这个护士也太大意，也不看看人的体质，就抽了那么多的血！来，大嫂！喝点鸡汤补养哺养身体，没事，过会儿就恢复了。"孩子姑姑手里端给夏露一碗鸡汤被接手过去。

辨析：

补养：用饮食或药物来滋养身体。哺养：喂养使长大，多指喂养小孩子。

不齿——不耻

正例：

①在这些院士面前，那些假捐赠之名而行炒作自己之实

者，岂不变成了为人所不齿的“小”？　李志远《捐赠的动机》[《杂文月刊》2005年2月（上）第37页]

②从文人画到工艺美术，他皆饶有兴趣，反复研究并亲手尝试。寒暑不辍、苦心钻研、不耻下问。宋冰《艺为心声　画以品重》[《人民日报》（海外版）2009年6月4日第07版]

错例：

①公孙弘虽然为人不耻，为舆论不耻；但是，他既不是无才，也不是无能，甚至还做了些值得大书特书的好事，主要有一武一文两大功绩。

②于是他努力学习，一方面认真学习电力营销知识，另一方面不齿下问，积极向老同志求教。

辨析：

“不耻”的意思是“不以……为耻”。例如，“不耻下问”就是向学问、地位不如自己的人请教，而不认为这是让人羞愧的事。“不耻”能构成一个褒义的组合。如“不耻相师”就是不以相互学习为耻。“不耻”要带宾语，而不能用在被动结构中。

牙齿是成列并排的，所以“齿”引申出了“并列”的意思。“不齿”最常见的意思即“不与同列”，表示鄙视。例如“不齿于人”，就是不能与人同列，指被人看不起。“不齿”组成的结构含贬义，如“不齿于人类”。“不齿”还经常用在被动结构中，如“为艺术名家所不齿”。

不和——不合

正例：

①哪几户人家邻里不和，哪几家婆媳之间有矛盾，哪几家

贫困家庭缺生产资料，哪些村民对惠农补贴如何领取存有疑问……每个工作队员“民情日记”本上都有一本账。 龚庆华、龚文君《小日记写出大民生》（《人民日报》2009年6月27日第05版）

②“一个小的‘不合逻辑’的细节，往往蕴藏着一个重大的创新和发明。理解了错误，也就实现了超越，超越了权威，超越了前人，也超越了自己。”伍晓林对记者说。 桂俊松、仝晓波、李慧《打造“百年油田” 追求“三个超越”》（《中国能源报》2009年8月3日第01版）

错例：

然而，侠女是无法甘于远离江湖的，在结婚仅仅3年后，杨紫琼以“性格不和”为由宣告和潘迪生离婚。

辨析：

“不合”指不符合、不应该、合不来，如“不合手续”“早知如此，当初就不合叫他去”“他们俩一直不合”。“不和”指不和睦，如“家不和，外人欺”。“性格不合”是指性格合不来，所以用“合”。

不利——不力

正例：

①马道远已经无心追究谁在传播关于他的不利消息，相信别人的嘴是捂不住的，唯一能做的是坦然面对即将到来的事情。 王清平《天下秘书》（《啄木鸟》2009年第11期第25页）

②由于回款不力，第一季度王国勇上了公司通报批评黑名单。 刘会刚《永远的变数》（《北京文学·精彩阅读》2011年第9期第95页）

错例：

张某认为妻子是在责怪自己办事不利，便与妻子吵了起来。

辨析：

不力：指不尽力、不得力，如“办事不力”。不利：指没有好处、不顺利，如“这个地形不利于我军而有利于敌军”。

不论——不吝

正例：

①既然怕是根本人性，那些违背人性而什么都不怕之人，终归是要倒霉的。王朔当年口出狂言：“我是流氓我怕谁!”现在他不敢如此“浑不论”了。流氓怎能不怕勇士、义士、群众和警察呢？不怕，就得去坐牢。　王乾荣《人之初，性本怕》（《长江文艺·精品悦读》2011 年第 2 期）

②马克·吐温在密苏里州办报时，曾收到一订户的来信，很认真地向他请教说：“马克·吐温先生，我在报纸里发现一只蜘蛛，不知是吉是凶，请您不吝赐教。”　高景轩《名人的幽默》（《学习博览》2012 年第 1 期）

错例：

仲开林的脸腾地红了！他感到奇怪，自己以往的浑不吝跑哪去了。

辨析：

据《现代汉语词典》（第 6 版），“不吝 bùlìn，[动]客套话，不吝惜（用于征求意见）：是否有当，尚希～赐教。”而“不论”则是北方地区的方言，《北京土语辞典》：“不论 bùlìn，不管不顾，不留情面。‘论’lùn 变读，如：‘招上我的火儿来，我是一概～。’‘我可～，管你是什么人！’”

不详——不祥

正例：

①马秀英是安徽宿州人，父亲名字不详，史书上只称“马公”，母亲叫郑媪，在马秀英很小的时候就死了。　倪方六《帝王秘事》（湖北人民出版社 2009 年 1 月第 1 版第 25 页）

②在小镇，大家都把乌鸦的叫声当做不祥之兆，这里的人却一副若无其事的模样。　王传宏《迷途的候鸟》（《中篇小说选刊》2010 年第 3 期第 198 页）

错例：

①可是李洁抒目中无人，只有海鲜，她从头至尾埋头猛吃，梁丰园好几次试图和她谈论诗歌，她都支支吾吾，语焉不祥。

②不知为什么，他的这句话让我对他未来的人生隐隐有了一丝不详的预感。

辨析：

不详：不详细、不清楚。不祥：不吉利。

不再——不在

正例：

①自从和“白蛇”约会，戚海涛从尤玲的生活中淡出，消失。尤玲成了货真价实的单身女性，只可惜青春不再。　万方《纸饭馆》（《北京青年报》2010 年 8 月 24 日 C7 版·每日连载）

②几个女人不相信，跑进家里亲自看了，才相信刚才还和大家说笑的那个人真的不在了，离开了这个世界。 马金莲《蝴蝶瓦片》（《小说月报》2010 年第 7 期第 102 页）

错例：

①今天，这两块地王已然风光不在，地上荒草丛生，保利地产正分期交纳价款。

②前年曾威风凛凛不可一世的“姜你军”如今霸气不在，五毛一斤，菜农种它还不够肥料钱。

③大葱成为新贵，曾经的“姜你军”则威风不在。

辨析：

据《现代汉语词典》（第 6 版），“不在”：①指不在家或不在某处。②婉辞，指死亡（后面常跟“了”）。《现代汉语词典》（第 6 版）对“不再”没有列出词条。《礼记·儒行》有“过言不再，流言不极”句，意为说过的话不重复第二次，众人流传的话，不寻根究底。现在还有常用语“青春不再”“风光不再”等，“不再”意为不会再次出现。

不止——不只

正例：

①母亲想的是我大概要“上路”了，冲出门去扶着廊柱子痛哭不止。 叶广芩《玉堂春》（《北京文学·中篇小说月报》2009 年第 12 期第 31 页）

②严伯伯不止一次跟我谈诗，给我寄过诗稿，觉得小辈中就这孩子看上去还有点文化。 叶兆言《灯照内桥人影稀》（《北京青年报》2011 年 9 月 3 日第 C1 版）

③要走出去，走进去，走上去，不只是开几家贸易公司，

办几家工厂那样简单，还要融入当地上流和主流社会。 吕冰心《外资并购要注意五大风险》（《市场报》2009 年 2 月 9 日第 20 版）

错例：

①据了解，解放军参训名单不只一人，军、文职都有，其中还有一位女性。

②她不止写稿，她也做编辑，她也管美编和排版。有时还得赤膊上阵四下找客户拉广告。

辨析：

“不只”是连词，相当于“不仅”“不但”，一般放在前一分句，后面常有“还”“也”与之呼应，表示递进关系。“不只这样，还可以那样”“跑步不只能锻炼体质，而且能放松心态”，在这两个句子里，不能用“不止”。“不止”的“止”是动词，表示停止，所以可以用在句尾做谓语，如“大笑不止”“血流不止”，而“不只”不能这样用。表示超出数量或范围的也只用“不止”而不能用“不只”，这时候“不止”后面通常有数量词。

C

裁夺——裁度

正例：

①至于读书行为中读的具体究竟之把握，譬如吐气与否，声口如何，用力的大小长短，选择的场地氛围，除了小学生方面，需要教育界对施教育者从业技能进行必要补充培训外，更多的非小学生者，只能由发出读的不同个体，自行裁夺了。半夏《脑力 or 体力》（《中华读书报》2008 年 1 月 17 日）

②即以记游文字而论，他的那篇《庐山游记》，写得就很平实有据，基本不抒情，竟至可以裁度他的内凝而持重的治学风格。　马力《胡适的老家》[《人民日报》（海外版）2007 年 12 月 13 日第 08 版]

错例：

一个城市，公共权力动辄成千上万，那么多的事情都必须仰仗着政府来管理、裁度、审批、处罚，即使不考虑其中的腐败因素，如果把这些权力都“用足”，其对应所需的权力运行成本，显然不会多么低廉节俭，也实在节俭不了。

辨析：

裁夺：考虑决定。裁度：推测断定。此处之“度”，应读为 duó，正是“推测”之义。错例中的“裁度”应改为“裁夺”。

粲然——灿然

正例：

①方为粲然一笑说："她是邓老板，一个女强人。你生活中有几个女老板是建房子的？邓老板就是一位建筑商。" 何顿《丢掉自己的女人》（《收获》1998 年第 2 期第 157 页）

②在郑欣淼院长异常洁净的办公室里喝着清茶，望着紫禁城灿然的午后阳光，我问："之前，一直听说是北京和台北两个故宫联展，为什么最终没有实现？" 刘琼《大地》（2009 年第 9 期）

错例：

她们听了石根先生的女婿的翻译，就一齐嫣然又灿然地笑将起来，笑个不停。分明地，反而似乎对他们更感兴趣更有好感了。最后干脆言明不要钱了。

辨析：

粲然：笑时露出牙齿的样子（多用于妇女），如：粲然一笑。灿然：形容明亮，如：阳光灿然。错例说的是妇女笑时的样子，应该用"粲然"。两词意义有交叉，但指笑时的样子时，用"粲然"。

草甸子——草垫子

正例：

①近处人家都敲不开门，人们可能去秋收了。所幸在草甸子上遇见几头奶牛，仕扬就去挤了一瓶奶来。 郭严隶《星期天的意义》（《小说选刊》2011 年第 2 期第 119 页）

②国还特意编了一个草垫子放在上面，草垫子冬暖夏凉，国坐在那儿有种说不出的惬意。 蔡秀词《长着蛇皮的男孩》（《长江文艺》2007 年第 10 期）

错例：

春天……狗生崽儿，马产驹，鸡抱窝。我这个小马倌，在这时放马得格外当心，狼最容易在这时候到草垫子上吃没有抵抗能力的小马驹。

辨析：

草甸子：长满野草的低湿地。草垫子：用稻草、蒲草等编的垫子。前者是自然形成的，地盘不会太小；后者是人工编制的，通常不能太大。

查访——察访

正例：

①交警一面查访受伤的出租司机和两名乘客，一面叫来“999”急救车将伤者送往医院。 钱卫华、彭科峰、王铮《周杰撞车后 12 小时方现身》（《京华时报》2009 年 6 月 4 日第 015 版）

②如果说，朱元璋借微行察访，是因为他不放心老百姓，而朱元璋主持朝政，那就更加不放心读书人了。 李国文《朱元璋的心结》（《大地》2008 年第 16 期）

错例：

任长霞乔装打扮察访案情，只身卧底打击罪犯，让人们见识了她的头脑与智慧，还有一分常人身上少有的传奇色彩。

辨析：

查访：侧重于通过打听进行调查，其对象一般是与案情有关的人，其目的是弄清案情，为断案结案做准备。如：查访有关人证物证。察访：调查手段除访问之外，还有观察，也不限于对案情的调查，其调查对象要广泛得多。

查看——察看

正例：

①堆完沙的家长追在一些大学生志愿者后面，要求测量、登记，要求查看记录、排名，更有甚者一再询问奖品是什么。 李建珍《参赛不是为了得奖》（《健康时报》2007 年 11 月 19 日第 12 版）

②大队长陈宇放下电话，带领战友直奔现场。察看地形后，陈宇悄然抵近房屋，一脚踹开房门冲进屋内。 刘春雨《“平安卫士”的点滴故事》（《江南时报》2006 年 9 月 27 日第 14 版）

错例：

昨天上午，富润达物业管理公司到该楼 1 单元的业主家中查看地形，做出初步的维修方案。

辨析：

对比“察”和“查”可以看到两者的差异。“察”是“仔细看”的意思，所以“察看”用来表示“为了了解情况而仔细地看”。例如：察看地形、察看风向、察看动物足迹、察看周围情况。“查”有“检查”“调查”的意思，所以“查看”涉及的行为与“检查”或“调查”相关。例如：查看各地执行情况、查看学生实验结果、查看当地自然资源、查看司机行车记录。有的时候，“察看”跟“查看”后面跟的是同样的词语，但语意的侧重点不同。例如：察看现场、查看现场，前者强调

"仔细地看"，后者强调"调查"。

糁子——茬子——碴子

正例：

①说来，这里的吃食相当简单，主食基本以苞米为主，诸如苞米糁子粥，苞米面大饼子，苞米面糊糊等。　鲍十《东北平原写生》（《北京文学·精彩阅读》2011年第9期第87页）

②而卧龙村有两头牛的人家就只有国庆一家了，国庆把自己家的茬子蹚完后，就把牛赶到了凤兰家的地里。　周英姿《神碑李和他的妻子》（《山东文学》2008年第6期下半月刊）

③"那个冷啊!"他说的时候好像还站在齐腰深的冰碴子里。　邵丽《挂职笔记》（《小说月报》2011年第10期第64页）

错例：

①按照上一年的算法，这60个工分能分60元钱、100公斤小米或200公斤苞谷碴子。

②当刘云鹏说着大苞米茬子的东北腔问韩铁匠，周香云家到底是在第八条街还是第九条街的时候，韩铁匠说了第一句让他后悔的话："你找周香云干啥?"

辨析：

糁子（cházi）：北方方言，玉米等磨成的碎粒儿。碴儿（chár）：①瓷瓦器具上的裂痕、破口或折断的地方，如碗上有一道破碴儿、这个缺口是刚摔的新碴儿；②物体的小碎块儿，如冰碴儿、骨头碴儿、玻璃碴儿等。碴，从石，查声；糁，从米，查声。茬（chá）子：农作物收割后留在地里的茎和根。

差使——差事

正例：

①这天，王瑞杰探听到特委和县委的领导住在村中，他认为讨好日本皇军的时机又来了，便差使他十四岁的儿子到周春雷等人的住处玩耍，从而探听其活动。　丁静《可歌可泣三烈士》（《海南日报》2011年7月19日第A4版）

②我问清了卫生员，原来因为部队上的被子还没有发下来，但伤员流了血，非常怕冷，所以就得向老百姓去借。哪怕有一二十条棉絮也好。我这时正愁工作插不上手，便自告奋勇讨了这件差事。　茹志鹃《百合花》（《小说选刊》2009年第10期第5页）

错例：

晚上出警处理交通事故是又累又危险的差使，大多数同志都不太乐意干，年龄大点的民警，或者队里的领导，都会把值夜班的任务交给"肥龙""瘦虎"。

辨析：

"差使"，《现代汉语词典》（第6版）将其列为两个词条：一为动词，读chāishǐ，义为差遣；派遣。一为名词，读chāi·shi，旧时指官场中临时委任的职务，后来也泛指职务或官职。也作差事。"差事"，《现代汉语词典》（第6版）解释为：①名被派遣去做的事情。②同"差使"（chāi·shi）。现在再来看上引的错例，首先可以排除它是动词，作为名词，它既不是旧时官场中临时委任的职务，也不是泛指的职务或官职，只能是"被派遣去做的事情"，也就是"差事"。

常鸣——长鸣

正例：

①除日常教育外，每次协助业务部门办案前都对法警进行个别安全责任教育和提醒，边鼓常敲、警钟常鸣，确保安全观念深入人心，提高法警人员的安全防范责任感和警觉性。　贾广尧《海安检察院加强警务保障工作》（《江南时报》2008 年 5 月 1 日第 12 版）

②公共安全，涉及千家万户，需要在全社会警钟长鸣，协同应对。　王谨《为公共安全献计献策》［《人民日报》（海外版）2009 年 6 月 9 日第 01 版］

错例：

该厂在狠抓橡胶产品质量的同时，也狠抓安全生产。……每月召开一次安全生产教育工作会议，做到安全生产警钟常鸣；……

辨析：

“警钟长鸣”意思是警钟一直在响，强调连续性；“警钟常鸣”意思是警钟经常地响，强调经常性。两者的意义有细微的差别，到底用哪一个要结合上下文来决定。错例中改用“长鸣”更合适。

常事——长事

正例：

①动干部是常事。只要是个有点儿能耐的干部，就会不断地被人动。有时动得好，有时动得坏，有时动得一般，有时动

得惊人。有时从平地登上了天，有时从天上摔到了平地，甚至会直接摔到谷底里去。 乔叶《失语症》（《小说选刊》2009年第10期第118页）

②在村支书安排之下，村里每名党员管一条街，公益事业管理还算过得去。但这样强迫命令式的管理套路，显然不是长事。 曹红涛《把农村公益事业管起来》（《人民日报》2007年12月2日第05版）

错例：

但毕竟孩子还小，我不想让他跟着我受苦，就对大威说，老这样下去不是常事，我找不到家的感觉。

辨析：

常事：平常的事情，经常的事情。长事：长期的事情，一般前加否定性词语。

常谈——长谈

正例：

①学习问题是一个老生常谈的问题，但也是一个常谈常新的问题。 彭书雄《学习也应讲究方法和效率》（《人民日报》2009年8月27日第07版）

②要有机会，仲熙真想与她好好长谈一下，恐怕她不会相信，他仲某对民乐的爱之深、痛之切，并不比她少。 鲁敏《伴宴》（《中国作家》2009年第1期第28页）

错例：

现代上班族工作压力过大，已是老生长谈，但问题是如何面对。

辨析：

常谈：一般的、经常性的议论。长谈：长时间谈话，畅谈。“老生常谈”不能写作“老生长谈”。

常住——常驻

正例：

①谢赫一词源自阿拉伯语，原意是白头发的老人，由于顶着雪冠的山就像一位白发老人，所以常住大马士革的中国人称它为“老头山”。 杨俊《天堂大马士革》（《人民日报》2009年8月24日第14版）

②1995年，毛里求斯开始在华设使馆并派常驻大使。《毛里求斯 “伊甸园”里有条唐人街》（《京华时报》2006年11月3日第081版）

错例：

据介绍，该中心作为国家人才中介服务机构，下设人力资源服务中心、国际合作业务中心、网络运营中心、培训中心等业务部门，独立开展国际经济、技术合作，为外国企业常住代表机构派遣雇员，为各类企业办理全方位人事代理服务业务。

辨析：

常住：经常居住。常驻：连续一段时间（长期）住在某地。“常住”一般指人，“常驻”一般指机构或使团。

超生——超升

正例：

①不管结局如何，对于球迷和媒体而言，这场无聊透顶的

“贪钱会议”，大部分恐怕只想说：“早死早超生，要开赛就快开，要停摆就有种停一个赛季。” 付恺《早死早超生》（《长江商报》2011年10月20日第B24版）

②而后，一些人把水倒进了寺院的玻璃容器里，据说这是保佑死者顺利超升。 《全泰和尚诵经 超度海啸亡灵》（人民网2004年12月31日）

错例：

当那杯红色液体摆在我的面前时，林达眼里的仇恨让我知道，我可以解脱了，虽然是永世不得超升，但是我终于解脱了。

辨析：

超升：佛教用语，指人死后灵魂升入极乐世界，亦指越级提升。超生：作为佛教用语，指人死后灵魂投生为人，亦比喻宽容或开脱。“永世不得超生”是对的。

称手——趁手

正例：

①在日常生活中老年人自己给自己按摩保健，或给别人做按摩，最好选择称手、方便、常用的东西。 熊江雪《按摩，什么顺手用什么》（《健康时报》2007年1月1日第08版）

②展穷蹙至金山，为神功部将贾隐林追及，一箭中目，趁手杀死。 蔡东藩《唐史通俗演义》（第五十七回）

错例：

①业内人士介绍说，一把趁手的刀具也是必需的。

②昨日，记者走访多家商超发现，市场上出现不少新奇的

清洁用品，融入“高精尖”的科技成果，用起来更趁手。

辨析：

称手：使用起来顺手，此处“称”读 chèn。趁手：随手，副词，方言词，如“走进屋趁手把门关上”。“趁手”作为副词是不能做定语的，所以不能说“趁手的刀具”。

趁机——乘机

正例：

①刘旭东常常蹿到她们旁边抓她们的长辫子，或趁机捏一把她们白得像藕的圆胳膊，甚至说一些不堪入耳的黄色言论。 吕伟《狼烟》（《小说月报》2009 年第 10 期第 104 页）

②12 月 18 日 16 时许，张某在到一邮政局取钱过程中乘机逃脱并报警，另外二人后被放回。 万州《男子因非法拘禁罪被判刑》（《江南时报》2007 年 10 月 20 日第 26 版）

错例：

舒怀也趁机标榜自己，“我堂堂的人民教师，更不会去贩毒”。

辨析：

“趁机”“乘机”，二者都有利用时机和抓住机会的意思，但是手段和时段有差别。趁机：通过武力、技巧或欺诈手段，所利用的时段较为紧迫，所获得的机会和时机含有人为制造的因素，含贬义。如“趁火打劫”，就是趁别人落难时抢劫。乘机：找空子，利用机会，中性词。只是找空子，等待时机，不使用技巧和欺诈等手段，所遇到的时机富有偶然性。所以两个词的区别在手段、时机的偶然性和感情色彩上。

敕令——饬令

正例：

①唐玄宗还于开元二十年颁布了敕令，正式将祭扫定为“常礼”。 孙丽萍、陆文军《民俗专家：清明节俗为何历久弥新》（人民网 2009 年 3 月 26 日）

②有一次，乔家的复盛油坊从包头运大批胡麻油往山西销售，经手伙计为图暴利，竟在油中掺假，此事被掌柜发现后，立即饬令另行换售，代以纯净无瑕的好油。 张正明、赵书华《明清晋商的经营文化》（《光明日报》2005 年 11 月 15 日）

错例：

康熙帝南巡时，曾御书“公明尽职”四字赐彭，并饬令邓州建“御书楼”匾刻四字于其上。

辨析：

敕令：皇帝下达命令，也作名词，指皇帝下达的命令。此词专用于皇帝。饬令：上级命令下级，多用于旧时公文。

处世——处事

正例：

①我们常常会听到有人抱怨社会不公，抱怨处世艰难。其实，与其怨天尤人，不如反躬自省。如果我们真的能做到把握分寸，谨言慎行，礼行天下，修身养性，我们会少很多烦恼，就自然会懂得为人处世之道。 于丹《于丹〈论语〉心得》（中华书局 2006 年 11 月版第 49 页）

②在中华民族五千年的文脉中，“和睦”的理念渗透到民族

心理素质中，成为维系人与人、家与家、国与国关系的精神支柱和处事习惯，成为一种美德和传统。　刘鲁燕《睦乃四邻以和兄弟》[《人民日报》(海外版) 2009 年 8 月 28 日第 01 版]

错例：

特别是周总理对青年人的教导和培育，“下属有错，自己先担着”，“功劳先给别人”，等等做人处事的原则，让我铭记一辈子，受益终生。

辨析：

处世：在社会上活动，与人往来相处。如：为人处世、立身处世。处事：处理事务。如：处事果断、处事严肃。

创建——创见

正例：

①1891 年清政府在此设防，青岛城由此建立；1903 年，德国商人与英国商人合资在青岛创建啤酒公司，中国第一瓶啤酒在这里诞生。从此，这座城市与啤酒结下了不解之缘。　李蓓《青岛：与世界“干杯”》[《人民日报》(海外版) 2009 年 9 月 2 日第 06 版]

②不少论著，例如刘启益的《西周纪年》等等，都把青铜器分期同金文分期结合起来，有许多创见。　李学勤《从“绝学”到“显学”》(《人民日报》2009 年 8 月 14 日第 07 版)

错例：

石涛画论专著《苦瓜和尚画语录》对明清之际画坛上的复古主义、形式主义进行了批评，主张笔墨当随时代，是富有创建的。

辨析：

创建：动词，创立。创见：名词，独到的见解。两者可从词性上加以区分。

纯真——纯贞

正例：

①“我觉得这个片子里面的人，他们质朴、纯真，他们热情奔放、幽默，这些特征和很多细节都是比较好的。”中国电影评论协会会长章柏青说。 张芬娟《记下那鱼水深情》[《人民日报》（海外版）2009 年 8 月 24 日第 07 版]

②“七月七，天上牛郎会织女；发白面，买颜色，蒸个巧娘娘献给你。”这首顺口溜道出了每年农历七月初七，庆阳城乡妇女都要制作象征纯贞爱情的面塑“巧娘娘”的古老风俗。《庆阳民间艺术异彩纷呈》（人民网 2006 年 12 月 30 日）

错例：

当纯真的爱情遭遇现实物质条件的考验，是选择玫瑰还是面包的古老话题，亦在现代年轻人的故事中演绎着各种不同的答案。

辨析：

纯真：纯洁真诚。纯贞：纯洁忠贞。“纯贞”多用以形容爱情，“纯真”则多用于形容爱情以外的其他情感。

纯正——醇正

正例：

①比赛地点位于素有“天然盆景”美誉的甘孜藏族自治

州，当地有雪山、原始森林等众多原生态环境，还有纯正的藏家民俗。 文心《国际丽人挑战赛上海赛区启动》[《人民日报》(海外版) 2009 年 9 月 2 日第 08 版]

②其二，"闻"。拥有醇正麦香味的即是上乘的面包。若有刺鼻的异味就应该立即丢弃了。——《曼可顿支招 教您如何挑选好面包》(《江南时报》2009 年 5 月 1 日第 15 版)

错例：

"五湖环抱于外，一镇包含于中""家家临水，户户通舟，醇正水乡，旧时江南"，同里古镇以"小桥、流水、人家"的神韵被誉为"东方威尼斯"。

辨析：

纯正：纯粹；纯洁正当。醇正：(滋味、气味) 深厚纯正。"纯正"形容的是动机、话语等，"醇正"形容的则是味道。

篡改——窜改

正例：

①1925 年初孙中山先生去世后，随着中国国民党的分裂，三民主义被国民党内不同政治主张的野心家所篡改。 张海鹏《中华人民共和国成立的伟大历史意义》(《人民日报》2009 年 9 月 1 日第 07 版)

②我国的《语言文字法》和《广告法》等，对肆意曲解语词和窜改成语以及传播低俗文化的行为有明确的规定，但是，由于缺少必要的执行手段，此类行为仍然屡禁不止。 兴旺《"暧昧广告"低俗惑众》(人民网 2003 年 11 月 2 日)

错例：

今后，在广告、招牌中出现类似"无与轮比""绝胜千里"

等随意篡改成语等现象的，当事人有可能被处以最高1万元的罚款。

辨析：

窜改：对文本、文件、成语、古籍等进行的改动，常指错误地改易、变更。篡改：用作伪的手段改动历史、理论、政策、学说、精神、指示、经典著作（的精神）等。常指用假的、错误的取代或曲解真的、正确的东西。在应用范围上，“窜改”只针对文字，而“篡改”则没有明确的限定内容。在感情色彩上，“篡改”是一个贬义词，而“窜改”是一个中性词。在所跟对象上，被“窜改”的往往是具体的成语、文件、古书等，而被“篡改”的往往是抽象的东西。

D

大气——大器

正例：

①他把五角星设计为三原色中最亮的黄色，像朝霞一片金光灿灿，色调简练而庄严大气，也表达了中华儿女黄色人种的民族特征。　袁亚平《国旗设计者》（《人民日报》2009 年 9 月 2 日第 20 版）

②孟广禄说："当时我受到冷落，自信心也受到严重挫伤，方老师'这孩子必成大器'的话又重新点燃了我心中的火花，对我一生至关重要。"　王铮《感谢戏迷网络谏言》（《京华时报》2009 年 7 月 20 日第 040 版）

错例：

①经历过的挫折与失败，积淀在这位多历磨难、大气晚成的世界冠军身上，让她有了与众不同的气质，一种给人信赖感觉的气质。

②少年得志的蒋孝勇虽然不事张扬，但蒋经国还是觉得儿子在政治上十分稚嫩，一时还难成大气，所以，一直有意地抑制他在政治权力圈里过早出头，以防他"得意忘形"而自毁前程。

辨析：

大器：比喻有很高的才干，能够担当大事的人。大气：多指拥有能容纳不同意见的度量，也即平常所说的宽广的胸襟、气度；还指大方，不俗气。

大意——大义

正例：

①青树将外围潜伏的人撤回房间，重新安排。自己 5 个人，对方 7 个人，还有武器，丝毫不敢大意。　高红十《境与界》（《十月》1995 年第 2 期第 60 页）

②他哼唱的调子大多模糊不清，但唱得多了，就自然听出了个大意：天上的，地下的，水中的，全都逃不出我的枪口……　傅泽刚《天堂鸟》（《十月》2010 年第 3 期第 175 页）

③关键的时候，她以民族大义为重，做了她自己人生道路的选择。　章剑华《承载》（人民文学出版社，《北京青年报》2010 年 11 月 14 日第 C3 版·每日连载）

错例：

①“亢龙有悔”“潜龙勿用”，蕴含着审时度势、驾时而行，不以物喜、不以己悲的微言大意。

②早晨一起床，奚雅刚睁开眼，孟嘉伟就问：“我工作的事，妈和你说了？”“说了。好事，我支持你去。”奚雅认真地说。“还是我老婆深明大意，家有贤妻是个宝啊。”

辨析：

大意：作名词，指文字或讲话主要的或大概的意思，如：段落大意；作形容词，指疏忽、不注意，如：大意失荆州、粗心大意。大义：大的或有深度的道理，如：微言大义、深明大义。

淡泊——淡薄

正例：

①他觉得，自己俨然已是一个得道者，不是“天将降大任”的那个斯人，而是，一个有着淡泊、宁静的人生态度的、成熟的男人。　薛舒《落叶不尽》(《十月》2010 年第 3 期第 84 页)

②刚开始做 Majoy 的时候，我的成本核算意识是非常淡薄的。　茅侃侃《像恋爱一样去工作》(《北京晚报》2010 年 12 月 11 日第 29 版)

错例：

几十年来，赖爱光身兼多职，工作繁忙，却从不计较个人得失，在他的工作日程里，不分上下班，没有节假日。他敬业尽职，淡薄名利，学术成就斐然。

辨析：

淡泊：动词，意为不追求名利。如：淡泊名利、淡泊明志。淡薄：形容词，意为（云雾等）密度小或（味道等）浓度低；感情兴趣不浓厚或因淡忘而模糊。如：时间隔得太久，印象非常淡薄了。

倒闭——倒毙

正例：

①一些金融机构在濒临倒闭的关头，一手接收美国政府的巨额援助，一手继续大发奖金。　赵晨《想起罗曼·罗兰的名言》(《人民日报》2009 年 9 月 4 日第 14 版)

②以往，每年都有成千上万的牛羊因低温或寻觅不到草料

而倒毙在风雪严寒中，给牧民带来了巨大的损失。　陈沸宇《牛羊不再怕风雪》（《人民日报》2008 年 4 月 6 日第 05 版）

错例：

在中关村，越来越多的企业倒毙在成长的道路上。

辨析：

倒闭：法律上的破产，指企业或商店等因亏本而停业。倒毙：倒在地上死去。一指机构之“死”，一指动物之死。

登陆——登录

正例：

①电子战贯穿了演习的全过程，舰机协同、编队协同，舰空对抗、潜舰对抗，登陆作战，一场高技术现代海战的缩影呈现在中央军委领导面前。　李大光《新中国历史上的两次海上阅兵》（《大地》2009 年第 9 期）

②阿根廷输给巴西后，很多球迷登录各大体育网站，抨击球队的糟糕表现。　周磊《七成本国球迷看衰马家军》（《京华时报》2009 年 9 月 7 日第 032 版）

错例：

记者登陆网站，想挂北京协和医院内分泌科向红丁教授的号。

辨析：

“登录”有两个意思。一是指“登记”，如：登录姓名、登录住址等。二是指在电脑应用中进入要访问的站点。如：欢迎登录人民网。“登陆”也有两个意思。一个意思是说“从水域登上陆地”。如：台风明天早晨登陆。另一个意思是比喻商品等打入某地市场。如：这款新式服装已经在沈阳登陆。

提防——堤防

正例：

①朋友间还有什么可提防的呢？很多人基于这样一个想法，把许多与友情有关的事情处理得干脆利落、默不作声。余秋雨《关于友情》(《收获》1998年第1期第116页)

②目前，全国已建成各类水库8.54万座，堤防长度28.4万公里。 严冰、陈海燕、张海林《中国节水在行动》[《人民日报》(海外版) 2009年8月29日第01版]

错例：

①瓦特盖格说，2006年德国世界杯期间，入场、检票都将采取实名制制度，“这样既可以堤防‘足球流氓’、恐怖分子混入场内，还可以防止球票在黑市流失”。

②参观完安宁河提防整治工程后，代表们迎着呼呼作响的大风，迎着轰鸣的机器声，来到攀钢西昌钒钛新基地建设现场参观，感受一眼看不到头的建设气魄。

辨析：

根据偏旁和词语组合可大体区别其意义。“提”dī，提防，指小心防备。如：小心！她嘴碎，提防着她点儿。而“堤防”指沿河或沿海的建筑物，多用土石等筑成，如：汛期以前，要加固堤防。另，在这两个词中，“提”和“堤”的读音一样，读dī。“提防”后一个字读轻声。

地力——地利

正例：

①夹在石灰岩大山之间的良田少之又少，水资源极度缺乏，地力贫瘠，有水的地方农民可以种上杂交水稻，否则就只能种玉米、木薯等旱地作物。　李时平、樊沃夫《粤北山区的“摇钱草”》（《华南新闻》2006年4月12日第04版）

②在彩云南现的祥瑞之地，从上世纪90年代以来，历届的决策者们，顺应天时地利，以大智大勇的智慧和力量，愚公移山，建设了12个支线机场，堪称全国第一。　丁绍祥《云海深情》（《中国经济周刊》2009年第33期）

错例：

况且，上海是周立波的家，这让周立波占尽天时地力人和之优，守着本地观众，支持率可能会更大一些。

辨析：

地力：指土地肥沃的程度，如：通过土壤分析，就可以了解这里的地力情况。地利：指地理的优势，如“天时不如地利”；也指土地有利于种植作物的条件，如“充分发挥地利”。

垫子——簟子

正例：

①需要特别提醒的是，很多人为了保护地板，习惯在冰箱下放个垫子，这样做很危险。　瞿晟《冰箱下面别铺垫子》（《生命时报》2009年4月28日第06版）

②检枯骨：用蔴依次穿成形骸，以簟子铺定。　（清）黄

六鸿《福惠全书·刑名·人命下》

错例：

已经6个小时了，还在福建境内，火车沿着河开，下着小雨，河面上金黄色的草簟子，近处的铁轨闪着亮光，远处的山峰笼罩在一团团的迷雾中，一幅绝美的图画。

辨析：

垫子：垫在床、椅子、凳子上或别的地方的东西，是个泛指的词。簟子：方言词，竹席。既然是"竹席"，就不能说"草簟子"。

定金——订金

正例：

①原来雷牯子准备做一笔煤炭生意。他已经联系好了下家，定金都收了。　肖建国《短火》(《小说月报》2009年第5期第22页)

②老刘坐在那里开始算账，本来，以为武汉阳可以住十天半拉月的，不想四天就出院了，单位交的订金有剩余，他得给退回去。　于德北《假想敌》(《小说选刊》2011年第3期第42页)

错例：

直到李老头走出了挺远，刘大志才发现自己犯了个低级错误，不但毁约要双倍返还订金，今天又把老妈的照片送给了李老头，到时想找个替身恐怕都很难，气得刘大志照着自己的脸上"啪"地来了一耳光。

辨析：

订金：订购货物或购买服务时预先支付的款项，也叫预付款、押金。订金有某种承诺的意思，按照情理来说，如果由于接受订金一方的原因没有成交，应当归还全额订金。定金：指履行合同的保证金，是法律用语。《中华人民共和国经济合同法》规定："接受定金的一方不履行合同的，应当双倍返还定金。"订金不具有法律效力，定金具有法律效力。

定数——订数

正例：

①世上万事万物，大小皆有定数。当大者则大，这是顺应时代发展、适应社会需要的；不当大者刻意求大，必然碰壁。　范文俭《对媒体"逐大"问题的思考》（《新闻战线》2008 年第 11 期）

②所以我经常向亲朋好友、同事，甚至其他单位的人士介绍海外版，推荐他们订阅海外版。这样海外版的订数从无到有，从少到多，从原来我订的一份，增加到 50 多份，现在更多一些，海外版订得越多我就越高兴。　陈希国《我的海外版情结》[《人民日报》（海外版）2008 年 4 月 12 日第 06 版]

错例：

在桂林举行的第十四届全国书市上，少儿类图书唱起了主角，此类书的订数占到总定数的三分之一以上。

辨析：

定数：规定的数额；迷信的人指决定事物命运的超自然的力量。订数：订购的数量。

兜子——篼子

正例：

①谁人会注意，他就是乐池前，俨如将军，统领乐队，鼎鼎大名的电影音乐指挥家；哪个会想到，他那双拎着菜兜子的手，曾无数次指挥乐队，演绎出一阙阙红色经典的天籁之声…… 曹积三《演绎经典的尹升山》[《人民日报》（海外版）2009年9月25日第07版]

②篼，竹舆也，筻（biān）之别名，俗谓篼子。《正字通·竹部》

错例：

第二天早上，满大街都是红色的炮仗碎屑，像铺着一层红地毯。小男孩们会跑出来蹲在地上找那些没放出来的鞭炮。有时候一上午能捡回家一篼子。

辨析：

兜子：口袋一类的东西。篼子：用竹椅子捆在两根竹竿上做成的交通工具，作用跟轿子相同。

对换——兑换

正例：

①“那你说，怎么解决这个问题呢？”袁导两手抱了臂，歪着头看红衫女子，依旧一脸是笑。“那好办，半天换一次座，前后排对换。” 张翎《生命中最黑暗的夜晚》（《小说月报》2011年第9期第37页）

②开始，他利用进出账由自己一个人管的便利条件，倒卖

在公司的外汇额度，帮人家兑换一美元收取一二毛钱的回扣，时间不长，竟也有了上百万人民币的进账。　杜卫东《“刀刃上跳舞”的警察》（《啄木鸟》2000年第3期第93页）

错例：

他介绍说，残币污币的对换标准分“全额”“半额”两种情况。

辨析：

对换：相互交换；对调。如：对换座位。兑换：用证券换取现金或用一种货币换取另一种货币。如：兑换现金、用人民币兑换美元。

E

娥眉——蛾眉——峨眉

正例：

①赵红梅竖着两道娥眉说，你那班算什么班？我管着七个局长，你那要叫重任在肩我叫什么？　邓一光《我们爱小鸟》（《大家》1999 年第 5 期第 134 页）

②吉祥陷入爱河不能自拔。三个月后，娉娉说她打算自己拉杆子做贸易，总是寄人篱下挣不到大钱。吉祥表示支持。娉娉蛾眉微蹙，说钱上有点紧张，还差二十万启动资金。吉祥把攒着准备买房的十二万掏出来，说还差八万我再从哥们那儿划拉划拉。　程刚《吉祥如意》（《小小说大世界》2011 年第 6 期）

③小姐过来问，几位喝点什么？铁观音、普洱、峨眉毛峰，还是竹叶青？　裘山山《大雨倾盆》（《小说月报》2012 年第 3 期第 51 页）

错例：

小咸菜是郑二楞的老婆，瓜子脸，峨眉，凤眼，微微上翘的嘴唇。

辨析：

娥眉：①指美人细长而弯的眉毛。②指美人。也作蛾眉。李贺《房中思》："新桂如蛾眉，秋风吹小绿。"峨眉，山名，在四川。

遏止——遏制

正例：

①对军人来说，和平时期遏止战争的爆发、战争时期争取战争的胜利是至高无上的奋斗目标。　耿燎原《军营文化重在建设社会主义核心价值体系》（人民网 2006 年 12 月 28 日）

②张伯颜不讲是有目的的，那就是遏制自己有时候的心猿意马与胡思乱想。　顾飞《张伯颜的婚事》（《小说选刊》2009 年第 3 期第 96 页）

错例：

该报报道说，一种巨大的、遏止不住的激情，在 8 月 8 日晚上全面爆发。

辨析：

遏止：阻止。对象多是“战争”“暴动”“洪流”等来势凶猛而且突然发生的重大事件，并不表示阻止是否有效及效果的大小。遏制：制止，压抑控制使不发作。对象多是人的情绪，有时也指敌人或某种力量，一般能产生效果。

F

发奋——发愤

正例：

①这段话，不仅成为留苏学生，更成为一代代中国青年发奋努力、追求理想、报效祖国的动力源泉。　夏文辉、吴晶、袁原、高帆《留学潮涌六十年》[《人民日报》（海外版）2009年9月25日第06版]

②七十老叟矣，我当然不是废物！我自小至今刻苦奋斗，发愤忘食；我呕心沥血，献身艺术；我无怨无悔、无恚无怼。　范曾《祖国，我生命的唯一理由》[《人民日报》（海外版）2009年9月16日第01版]

错例：

带着这样的信念，我开始发奋图强。

辨析：

“发奋”跟“发愤”意思的侧重点有所不同。“发奋”是说振作精神，鼓足干劲去做事情；“发愤”则是说痛下决心，努力进取。“发愤”除了有振作精神的意思外，还含有冲破某种阻力的意思。因此，人们多说“发奋努力”“发愤图强”。

法制——法治

正例：

①近三十年来，中国共产党在总结历史教训过程中，提出了“加强民主，健全法制”的历史性任务，确定了“有法可依、有法必依、执法必严、违法必究”的法制建设方针。 王凡《沧浪之水》（《江南时报》2009年9月17日第20版）

②他知道迟瑞成说得没错，现在是法治社会，一切得有证据，可证据到哪儿找呢？ 刘光《北京情报站》（《长篇小说选刊》2011年第4期第9页）

错例：

①依法制国是我们的基本方略，取缔名人代言广告当然也必须依法进行。

②笔者认为，公积金管理停留在条例“修订”基础上，这还是一种旧思维模式，与我们现在法制国家建设和经济发展不相适应。

辨析：

“法制”属名词，表示“法律制度”，而“法治”属动词，表示“根据法律来治理”。“法制社会”是说“有法律制度的社会”；“法治社会”则是说不是“人治”的社会，而是“依法来进行治理的社会”。“法制观念”是指遵守法律的意识；“法治观念”则是指不是依据长官意志、而是依据法律来进行治理的观念。

从语法上讲，“依法制国”是个没法理解的概念，因为在这里，“制”只能是动词，无论是作制定还是制造讲，后面都无法跟上国家的“国”字。而“治”有治理义，所以应该是“依法治国”。

烦乱——繁乱

正例：

①闲适者回到了自我，在自己的天地里流连徜徉，悠然自得，内心是宁静而澄澈的；散漫者找不到自我，只好依然在外物的世界里东抓西摸，无所适从，内心是烦乱而浑浊的。 周国平《闲适·超脱》（《生命时报》2009 年 9 月 15 日第 03 版）

②很多年来，和父母合住一套很小的居室。我的写作便是在这种繁乱而温暖的环境中完成的。 赵玫《写作者的房间》（《人民日报》2009 年 7 月 11 日第 08 版）

错例：

车子就是创业者的忠实伙伴，在事务缠身，头绪烦乱的情况下，安全配备（主动安全和被动安全）就尤其重要；而澎湃的动力又可以让创业者在劳累之余一展豪情，释放压力，所以，动力与安全一个都不能少。

辨析：

烦乱：心烦意乱，是一种情绪状态。繁乱：事务头绪繁多而显得混乱，是一种客观描述。

繁复——反复

正例：

①秦始皇统一文字而创小篆，因为笔画繁复而演变为隶书，后来为了追求简捷，大约在秦末汉初，又出现了草隶、章草。 刘长春《陆机与〈平复帖〉》［《人民日报》（海外版）2009 年 9 月 11 日第 15 版］

②新中国成立以后，毛泽东反复强调，我们的总任务是“建设一个伟大的社会主义国家”。　任仲平《走向复兴的“中国道路”》（《人民日报》2009 年 9 月 29 日第 01 版）

错例：

为使纹样进一步呈现出繁茂丰富的面貌，这种纹样还可以逐一错开，重叠二重、三重，以造成极度复杂精巧的效果。这种繁复强调曲线的结构在整个造型中毫不中断，使整个画面呈连续流动状态，这可以说是维吾尔族装饰图案的精髓。

辨析：

繁复：形容词，多而复杂。如：手续繁复。反复：副词兼动词。多次重复；变动，改变。

反应——反映

正例：

①在达坂上待得太久，好多人因为高原反应都不行了。他们三个开车的更是反应得厉害，王建设哇哇地直吐黄水。　卢一萍《昆仑行》（《中国作家》1999 年第 5 期第 156 页）

②一天，李好在网站上发现为停车收费问题，社区跟帖的人特别多，大家纷纷反映，车库的车位满了，听说停在小区通道外面的车物管要收费了。　黎明辉《好警察的 QQ》（《啄木鸟》2009 年第 11 期第 127 页）

错例：

我心中暗暗佩服，“这事您跟家里人说了吗？他们有什么反映？”

辨析：

“反应”是指受到某种刺激引起的活动，也指化学、物理变化；还指事情引起的意见或行动。例如：过敏反应、疼痛反应、化学反应、这部电影观众反应不错、该剧反应良好、这一措施引起不同反应。

“反映”是指显现出事物的本质或某种潜在的现象，也指向有关方面报告情况或问题。例如：反映了唯利是图的本质、反映了他内心的期盼、反映了当时的社会现实、立刻向有关部门反映、读者反映该书校对差错较多。

防暴——防爆

正例：

①防暴的措施如果像花拳绣腿那样练，是没什么用处的。何春蕤《性别与防暴》（《天涯》2003年第5期）

②在淋浴房玻璃上贴上一层优质的透明安全防爆膜，能提高玻璃强度6倍以上，……　曹龙《玻璃浴房　防爆手册》（《大众健康》2011年第10期）

错例：

昨日12时许，10余辆警车载着大批防爆警察，赶到东四北大街一洗浴中心，疏散客人并拉起警戒线。

辨析：

防暴：防止暴力或暴动。防爆：防止爆炸。

飞红——绯红

正例：

①20多分钟后，绞脸结束，记者看到美容师与绞脸前相比，面容干净亮白不少，而且双颊飞红，显得娇羞妩媚。　潘

晓华《古老美容术重现绍兴》[《人民日报》(海外版) 2009 年 9 月 18 日第 02 版]

②面部的血流量增加，让你面颊绯红，展露高兴的神采。冰尘《大笑止疼又护心》(《生命时报》2009 年 9 月 25 日第 01 版)

错例：

这个秋天的金色正在一抹抹加深，而在这最美的季节里，北京的果园已经迫不及待了，你没看见？葡萄们已经紫了一茬又一茬，桃儿早就绯红了脸企盼着，梨也慢慢压弯了枝头，还有板栗、枣、杏、西瓜、玉米、苹果、蔬菜……

辨析：

飞红：①形容词，脸很红。②动词，脸很快变红。绯红：状态词，鲜红，除形容脸颊外，还可形容其他事物。“绯”读 fēi，不读 fěi。“飞红”有动词义，有“飞红了脸”这种用法。

菲菲——霏霏

正例：

①佩缤纷其繁饰兮，芳菲菲其弥章。 屈原《楚辞·离骚》

②虽是细雨霏霏，颇有凉意，又值深夜，但站在街头观看的人不少，特别是孩子们居多。 刘国昌《京城九月话情怀》[《人民日报》(海外版) 2009 年 9 月 18 日第 01 版]

错例：

“昔我往矣，杨柳依依；今我来兮，雨雪菲菲”，莫名的惆怅与感伤的情绪，伴随着赵孟頫，宛如他的影子，挥之不去。

辨析：

菲菲：花草茂盛、美丽；花草香气浓郁。霏霏：雨、雪纷飞；烟、云等很盛。可以从两个词的字头分辨各自的用法。

废话——费话

正例：

①于漪的另一把尺子是量自己的不足。她明白当自己讲课最含糊的时候，就是废话最多的时候。 王有佳《学语文就是学做人》(《人民日报》2009年9月10日第11版)

②晓荷不肯开腔。他觉得高第绝不会了解他，所以用不着多费话。 老舍《四世同堂》

错例：

如今他下岗了，被女主持人武月取代了，相信观众都知道这事了，我就不多说费话了，言归正传，请出我们今天的嘉宾——著名导演、以一部《手机》闹得沸沸扬扬、大红大紫的冯小刚先生，有请!

辨析：

废话：名词兼动词。做名词用时，意为没有用的话；做动词用时，意为说废话。费话：动词，耗费言辞，说话多。如：一说他就明白，用不着费话。我费了许多话才把他说服。

分辨——分辩

正例：

①据说，上帝造人后的第一道指令，就是不许人吃伊甸园能够分辨善恶的智慧果，上帝害怕人类掌握智慧。 李茗公《官场怪圈定律》(河南人民出版社2009年10月版第203页)

②南怀仁并不跟他分辩，只把一只蚂蚁放在一个小小的玻璃弹球上，它待不住，在陡陡的坡面上三动两动就滑下来。

魏润身《风流侍卫与康熙》(《十月》1994 年第 5 期第 139 页)

错例:

①我有点生气地说，我说过了，没有真假，真的就是假的，假的就是真的，你为什么一定要分辩真假呢。

②“田导，要不是你让我改了一遍又一遍，我也不会磨到现在嘛!”楚涧红着脸分辨。

辨析:

分辩：辩白，与语言有关，所以用言字心的辩。分辨：辨别，与剖分、区别有关，所以用刀字心的辨。

奋激——愤激

正例:

①一年后，刚刚恢复的梅旸春又来到南京长江大桥工地南京岸码头现场。谁知，他因情绪奋激，晚间脑病复发与世长辞。　左洋、刘新华、周俊《副总工程师“猝死”大桥边》(《武汉晚报》2009 年 4 月 3 日)

②从 89 年前“五四”运动民主科学的激昂呐喊，到抗战时期“华北之大不能放下一张书桌”的愤激呼声；从上个世纪 80 年代“团结起来振兴中华”的时代强音，到这个春天“加油中国”的爱国浪潮。《历史期待这一代人的回答》(《人民日报》2008 年 5 月 5 日第 01 版)

错例:

一种病在一个社会中只是一种情绪，可能是偏执，可能是奋激，可能是颓唐。当病成了一种生存体验和阅读体验，归根结底这些病都是来自病态的自我的病，何梦霞病了，徐枕亚也病了。

辨析：

奋激：兴奋激昂，有高兴的成分。愤激：愤怒而激动。没有高兴，只是愤怒。

分（fèn）子——份子

正例：

①柳阳和是车工，也是落后分子，常用车间里的下脚料给朋友车不锈钢的小榔头，车擀面杖什么的，更有甚者，还接了外头私活儿，以加班名义偷偷干，挣取外快。　叶广芩《玉堂春》（《北京文学·中篇小说月报》2009年第12期第24页）

②社区工作人员说，婚丧嫁娶随份子、生儿育女送祝福、六十贺大寿、困难邻里帮是中华民族的传统美德……　吴旖旎《社区“6S”服务温情送上门》（《京华时报》2009年9月12日第014版）

错例：

①溃败的康巴叛乱份子，在藏北草原集结后，经休整，在罗布麻带领下向南推进。

②知道了这故事又能怎么样呢，回到三门湾去再揪出一个“坏份子”胡十二来吗？

③这次挨斗的富农份子（因村子穷，在土改时没有人被划为地主）是庄稼活的好把式，而且更是全村赶车的头号把式，由于采石场往大坝工地所走的路有山、有坡、有沟和急弯，村党支部便把阶级敌人从艰苦的工地调到了赶大车的行当。

辨析：

分（fèn）子：简言之，就是某一种人。份子：集体送礼时各人分摊的钱；泛指做礼物的现金。常用短语有：份子钱；

凑份子；出份子；随份子。

伏帖——伏贴——服帖

正例：

①倘是在微雨淅淅的日子里，携一张竹椅，独坐院墙的一隅，静听远处轻烟笼罩的林子里透来一两滴唧唧鸟语，那份感觉，独特如几逗清香四溢的淡墨在白宣上缓缓润开，整个身心都熨得伏伏帖帖的，那种惬意舒适劲儿，那种绝美绝妙的享受简直是不可言喻。　李明官《麻雀》（《镇江日报》2011 年 6 月 10 日）

②中国十二兽首国宝之一，猪首铜像造型与中国传统猪的造型差别较大……但蒲扇般伏贴的大耳，又有浓郁的中国传统审美趣味，融合了东西方造型的艺术特点。　袁毅《圆明园四兽首来汉　默默诉说国运沧桑》（《武汉晚报》2011 年 6 月 18 日第 14 版）

③还好，我们家的狗既乖巧又听话，而且表妹爱逗它，狗狗对她很服帖。　杨菁《回收》（《京华时报》2009 年 3 月 7 日第 034 版）

错例：

①好包包内衬看上去挺括，厚实，手感细腻，内衬和包包的连合部分很伏帖，没有太多的褶皱和堆积，特别是内衬和皮革的接合部位。

②质地要软。纸的质地过硬，敷在脸上就不会伏帖，质地足够软才能与脸紧紧贴合，营养成分才能最有效地被吸收。

辨析：

伏帖：舒适，指人的心理感受。服帖：①驯服；顺从。也作伏帖。②妥当；平妥。伏贴：贴得紧而平整，用于指物。表示顺从、驯服时，“服帖”和“伏帖”通用；但表示舒坦时用“伏帖”，表示妥当时用“服帖”。错例①②都该用“伏贴”。

扶养——抚养

正例：

①昨天，东城法院一审判决，李女士分得男友遗产两万元，理由是她曾照顾生病男友，尽到一定的扶养义务。 王丽娜《女子争病逝男友遗产胜诉》（《京华时报》2009 年 9 月 17 日第 015 版）

②沉香在父亲和继母王氏的抚养下，与同父异母的弟弟秋哥一起长大。 火会亮《南铺故事》（《十月》2009 年第 6 期第 126 页）

错例：

东森董事长王令麟是王又曾的四公子，在记者会上明言，东森绝不会出资支持力霸，但他会尽孝道抚养父母。

辨析：

“扶养”是扶助供养的意思，“抚养”是关心爱护并教育培养的意思。“扶养”的使用范围比较宽，既可用于长辈人对晚辈人，也可用于晚辈人对长辈人，还可用于平辈人之间。例如：他是在邻居的扶养下长大的。扶养年迈的父母，是儿女应尽的义务。“抚养”多用于父母对子女，也用于哥哥、姐姐对弟弟、妹妹的爱护和教养。例如：父母辛辛苦苦把我们抚养成人。

复议——附议

正例：

①不受监督的权力，必然导致腐败。行政复议是对具体行政行为进行监督的重要手段。　裴智勇、王比学、黄庆畅、秦佩华、崔鹏《昂首迈向法治国家》（《人民日报》2009年9月3日第05版）

②在湖南代表团，几位议案领衔人也忙着请其他代表阅读，让同意的签名附议。　石国胜、盛若蔚、李刚《忙碌的“议案日”》（《人民日报》2008年3月13日第04版）

错例：

凤铝俱乐部已经明确表示将通过行政诉讼的方式来状告篮协，目前看来行政诉讼可以有两种方式供凤铝选择，第一是行政诉讼，将上诉至人民法院，请求撤销目前篮协的准入制度；第二是行政附议，将直接上诉至体育总局，将由体育总局出面与篮协进行协调。

辨析：

同意提议用“附议”，再次讨论用“复议”。

赋有——富有

正例：

①文化，作为一种能够塑造人的思想、精神与灵魂的特殊物质，只有当其赋有真诚、美感、纯雅与文明的品质时，才会是有用和有效的，也才是对文化本质的真实体现。　申维辰《文化惠民与科学发展》（《人民日报》2009年9月11日第20版）

②美国《国际先驱论坛报》：10 月 1 日是中国自豪的一天。当问北京居民他们为何爱自己的国家时，他们提到了经济实力和国际地位上升、中国五千年历史、富有活力的文化和民族团结。　《聚焦北京　瞩目中国》[《人民日报》（海外版）2009 年 10 月 2 日第 03 版]

错例：

自认为这篇通讯写作的妙处之一是巧妙运用赋有生命力的细节。

辨析：

赋有：具有（某种性格、气质等）。富有：拥有大量的财产；充分地具有（多指积极方面）。“富有生命力”是对的。

G

高鞦——高腰

正例：

①李长庚与公社的包村干部李秀乾，领着护渠小组，头一天一大早，扛着铁锨，背着草袋，穿着高鞦胶鞋，检查水渠有没有漏水的地方。 苏有郎《山村党支部书记》（《长城》2011年第3期）

②因为东北的冬天天气十分寒冷，所以棉衣都做得比较厚重又肥大，这样就可以在棉衣里面再多套几件衣服，以利于保暖。特别是棉裤大都是高腰免裆，而裤腿则是要打上绑腿防止灌风。 赵进《坚毅人生》（《长城》2011年第3期）

错例：

这支由卫生兵、通信兵、文艺兵、军校学员组成的女兵方队，如一片青春的女儿林，短短的发梢，在轻风中飘动，大檐帽，红领带，深蓝的筒裙，高腰的皮靴，威武中不失军中女儿的娇妍。

辨析：

据《现代汉语词典》（第6版），“鞦 yào（～儿）：名 靴或袜子的筒儿：靴～儿｜高～儿袜子。”

为了防止写错，可记住“高鞦皮靴低腰裤”这句话，也就是描写“皮靴”要用“勒”，描写“裤子”要用“腰”。

各个——个个

正例：

①1942年夏，日本侵略者占据下的北平，一个16岁的中学生冒着被父母责打的风险，从家拿出预备以后做孝袍的粗白布，和几个同伴在学校操场上制作了一套咖啡色的舞台小布景，到各个学校协助演出。　苏民《祖国辉煌映照下的话剧人生》(《光明日报》2009年9月28日第11版)

②来自太原市大型企业、社区以及各个艺术社团的演员们个个精神抖擞。　郅振璞《各地群众喜庆新中国六十华诞》(《人民日报》2009年10月3日第01版)

错例：

①作者将用轻松幽默的口语化文字和简单实用的入门级方法，带领读者个个击破准确估值、选准股票、安全投资等重点问题，帮助读者实现“长线钓大鱼”的目标。

②我听说八路各个都是金钟罩、铁布衫，刀枪不入。

辨析：

“各个”和“个个”的意思大致相同，都含有“每一个”的意思，但语义侧重点和用法不一样。“各个”可以看成一个指示代词，意在遍指所有，主要做修饰语；还有“逐个”的意思。“个个”是量词“个”的重叠形式，语义重点是强调“一个也不少”，主要做主语。

各界——各届

正例：

①春晚现场的观众来自社会各界，男女老少什么阶层都有，人员构成还是比较复杂的。 朱军《春晚“事故多发时段”》(《我的零点时刻》，江苏人民出版社 2011 年 11 月第 1 版，《北京晚报》2011 年 12 月 19 日年第 42 版)

②各届世界杯主题曲 (《广州日报》2010 年 6 月 12 日第 A3 版标题)

错例：

从热那亚回到中国，我的生活轨迹一下子发生了重大改变，除了要接受各个媒体的访问，答谢各届人士的祝贺和探访，来自多方面的演出邀请也让我应接不暇。

辨析：

各界：各个领域；各个行业。“各届”是表示各个时间段，如“各届毕业生”“各届世界杯”等。

个中——各种

正例：

①而在浙江，尽管人均 GDP 已率先接近 3000 美元，但浙江人并没有安全的压力。个中原因，与全力推进“平安浙江”有关。 王慧敏《钱江潮涌六十年》(《人民日报》2009 年 10 月 1 日第 28 版)

②生动活泼的歌咏活动在油田各种场合随处可见。 廖开明《大庆听歌》(《人民日报》2009 年 10 月 5 日第 03 版)

错例：

最近一段时间，国内不少城市恶性交通事故频发，生命的逝去令人扼腕，各中原因发人深省，提升驾驶者的安全意识、安驾技能是改善交通环境的当务之急。

辨析：

个中：其中。各种：多种。“个中”不能写作“各中”。

工夫——功夫

正例：

①一眨眼的工夫，孩子大了，都没考上大学，老大顶替进了老黄的厂子，老二自己开了一家小店经营韩国服装。　肖复兴《丽人行》（《小说月报》2011 年第 10 期第 38 页）

②我没工夫一一更正他们，只能把这事的真相写出来，叫人家知道这是一件不必大惊小怪的事。　胡适《宣统与胡适》（《努力周报》1922 年 7 月 23 日，转引自马克锋《溥仪与胡适的一次宫中密探》，《人民论坛》2009 年第 2 期第 61 页）

③林先生在武术上有两样绝活：一个是缩骨松筋术，就是俗话所说的缩骨功；一个是金刚功，是发力的功夫，源自少林。　萨苏《动物奇案》（《北京青年报》2011 年 9 月 25 日第 C3 版·每日连载）

④民意是个好东西，但掌握真实民意不容易，因为这需要真功夫。　李俭《民意是个好东西》［《人民论坛》2009 年 3 月（上）第 44 页］

错例：

①侦查员们知道，这是处长在思考问题，用不了一支烟功夫儿，那颗硕大的头颅里便会有相应的决定做出。

②连日来，泰拳“五天王”向中国工夫发起挑战的消息在武术界掀起波澜。河南省武术散打队总教练刘海科二十六日向中新社记者表示，来自少林塔沟武术学校的张开印入选中方名单，将在二〇〇九年中国武术对职业泰拳争霸赛上对阵泰方选手。

辨析：

“工夫”与时间有关，具体有三种意思：①做事情所耗费的时间。②空闲的时间。③某个时候，某一时间段。“功夫”的词义也有三个：①本领、技能或造诣。②特指武术或武术方面的本领。③（做事）所耗费的时间和精力。

与时间有关的词语用“工夫”，如：“抽工夫”“磨工夫”“抓工夫”“几年工夫”“水磨工夫”“一袋烟的工夫”“一会儿工夫”“一眨眼的工夫”。“中国功夫”“独家功夫”“真功夫”“功夫达人”“功夫片儿”，因为与武术、武打有关，所以要写“功夫”，不能写“工夫”。

工事——公事

正例：

①更可怕的是，每天还要面对高强度的训练，冲山头、蹚冰河、挖掩体、筑工事，整整 3 个月，我感到每块肌肉、每个关节、每寸皮肤都要崩溃了。　杨世昌《正确的价值选择让青春增值》（《人民日报》2009 年 8 月 29 日第 07 版）

②要坚持原则、敢于负责，不以私情废公事，不拿原则做交易。　《共产党的干部必须清正廉洁》（《人民日报》2009 年 9 月 6 日第 04 版）

错例：

一天，一群共和国党人在街头筑起防御公事，与政变者展开巷战。

辨析：

工事：用于攻击或防卫的军事建筑。公事：公家的事务。

公务——公物

正例：

①她在一边吃吃直乐，他已经正颜厉色，说自己公务在身，一刻也不能再耽搁。　严歌苓《补玉山居》（《小说月报·原创版》2012年第2期第34页）

②爱护公物并严格遵守公共场所秩序。不在公共财物上进行涂鸦或攀爬。　刘大海《大家都来推广文明礼仪》[《人民日报》（海外版）2008年5月17日第06版]

错例：

陈默担心她的安全不同意她自己一个人去，而此时自己又公物缠身走不开，最后他像以前一样命两个保镖随同。

辨析：

公务：抽象事物，关于国家或集体的事务，如“近来公务缠身”。公物：具体事物，即属于公家的东西，如“爱护公物”。

贡品——供品

正例：

①我们在墓碑前摆上花篮和供品，点燃了香烛。然后，苏伍便在他父亲苏木桥的墓前跪了下来。　薛舒《唐装》（《中篇小说选刊》2009年第5期第21页）

②中华鲟具有很高的营养价值和药用价值，早在商代就被

定为贡品，在明代列入《本草纲目》。　刘醒龙《爱到永远》（《收获》1997年第5期第205页）

错例：

不过，黎族人的清明节并不是肃穆与悲伤。上山扫墓时，人们带着贡品，成群结队。一路上，久不相见的亲戚们说说笑笑。清明节在他们眼中，不只是怀念与死者的亲情，也是在维系着生者之间的友爱。

辨析：

贡品：古代臣民或属国献给帝王的物品。供（gòng）品：供奉神佛祖宗用的瓜果酒食等。

勾通——沟通

正例：

①后来校方勾通了你家里来压迫你，断绝你的经济供给。　茅盾《腐蚀》

②因为周围人际关系冷漠，人与人之间沟通的障碍越来越多了。　于丹《于丹〈论语〉心得》（中华书局2006年11月版第40页）

错例：

我感到，在这件纠纷上我与杨少华无法勾通，我在电话里只恳求他，说，杨哥，这是咱俩之间的事，你不要告知我的家人，特别是可怜的大姐。

辨析：

沟通：使两方能通连，如“沟通思想”。勾通：暗中串通，勾结，有贬义。

苟合——媾和

正例：

①报道称，当时杭州地区气温高达 35℃以上，临安知情人士认为他们是在车内苟合，因车库内空气流通不畅，导致 2 人严重缺氧死亡。 《网站称镇委书记裸死系因公牺牲遭批评》（《江南时报》2007 年 8 月 11 日第 03 版）

②埃及是阿拉伯国家的“领头雁”，又率先与以色列媾和，正式建立了外交关系，其独特作用别国无法取代。 黄培昭《埃以交锋传达的信息》（《人民日报》2007 年 12 月 28 日第 03 版）

错例：

幸运的是，王莽的儿子还有两个备份，当年王莽被汉哀帝贬回封国新野都乡之时，和手下侍女们媾和，生下了两个私生子——王兴、王匡，王莽本来都快忘了还有这么两个儿子，如今嫡子死绝，王莽这才想起二人来，将其认祖归宗，从新野都乡接到长安，封王兴为功修公，王匡为功建公。

辨析：

苟合：不正当地结合（指男女间）。媾和：交战国缔结和约，结束战争状态。也指一国之内交战团体达成和平协议，结束战争。

古旧——故旧

正例：

①一台巨大的传真机静静地躺在展柜里，上面还有一排看上去很古旧的按钮，似乎在诉说着当年发传真的方式是多么原始。 许尽义《派出所靠铜铃声上下班》（《江南时报》2009

年9月28日第24版）

②作为台湾书画界的领军人物，孙大石在台的好友故旧众多，人脉关系深厚。 陈振凯《苦禅故里与台湾的书画情缘》[《人民日报》（海外版）2009年9月29日第07版]

错例：

《无知》的主人公，一男一女，作为流亡者分别在法国与丹麦生活的伊莱娜与约瑟夫，某年某月某日回到布拉格，面对着留守下来的亲朋古旧和楼台房舍，他们所有的只是尴尬，因为他们是主动地逃离故土，为了个人的自由。

辨析：

古旧：形容词，古老陈旧。故旧：名词，旧日朋友的总称。

雇用——雇佣

正例：

①她激动得热泪盈眶，满口答应："很好，很好，只要你们愿意雇用我，我就很满意了，年薪我不在乎。" 艾米《等你爱我》（江苏文艺出版社2011年5月）

②"黑水"秘密组建阿联酋雇佣军 沙河（《辽沈晚报》2011年5月22日第A09版标题）

错例：

而精明的英国商家们则纷纷雇佣汉语导购来为腰缠十万贯的"上帝"们服务。

辨析：

雇佣：用货币购买劳动力。雇用：出钱让人为自己做事。前者比后者的内涵要抽象一些。

两个词都可当动词用，但就其用法来看，“雇佣”一般做定语，后面跟名词，表示性质等，例如“雇佣军”，在这里“雇佣”与“义务”“志愿”等词相对。还有雇佣兵、雇佣关系、雇佣合同等。“雇用”则强调“花钱请人做事”，表示目的，在句子中，一般和后面所跟名词形成动宾结构，如雇用保姆、雇用女工、雇用司机、雇用外籍人员等。

如果我们用同一素材造句，两个词的区别就看得更清楚了：

①这次活动雇用300多人。

②这次活动有300多雇佣人员。

另外，两个词的读音也有区别：“雇佣”读音为gùyōng，“雇用”读音为gùyòng。

怪癖——怪僻

正例：

①袁隆平品牌的无形资产价值千亿元。然而就是这样一位“富翁”，却有着青睐便宜货的“怪癖”。姬建民《有感于袁隆平的“怪癖”》[《人民日报》（海外版）2007年10月25日第07版]

②一些老人因孤独生活了多年，脾气怪僻，照顾他们就像照顾小孩儿一样，很不容易。《全国助人为乐模范候选人》（《人民日报》2009年6月19日第22版）

错例：

多动症是一种神经性脑功能轻微失调综合征，多发于6—14岁的儿童，症状多表现为注意力不集中，性格怪癖，脾气暴躁，……

辨析：

“怪僻（pì）”与“怪癖（pǐ）”读音相近，但词性和词义均有所不同。“怪僻”属形容词，是古怪的意思，用于形容脾气、性情或性格的古怪。“癖”指嗜好或特别的爱好，“怪癖”指古怪的癖好或嗜好，属名词。

贯穿——贯串

正例：

①据记者了解，地铁4号线是又一条贯穿京城南北的地铁线，途经菜市口、西单、新街口等繁华商业区和颐和园、圆明园等旅游名胜区，……　黄晶华《京地铁4号线开线纪念票卡发售》（《国际金融报》2009年9月30日第07版）

②书的更高境界是不以情节而以精神贯串全书，这样的书没有“核心关捩”，翻开任何一页都能让人孜孜地读下去，去掉哪个“情节”，也不会影响你的阅读兴味——你读读《红楼梦》看，就是这样。　二月河《西游的味道》［《人民日报》（海外版）2008年4月3日第07版］

错例：

通过生活方式干预来改善血糖、血压和血脂水平，并促进体重的降低或至少避免增重，应作为贯穿2型糖尿病治疗全程（即使在应用药物治疗后）的基本主题。

辨析：

贯穿：①穿过，连通，对象多是具体事物。如“这条公路贯穿全省各县”。②从头到尾地体现。贯串：指从头到尾穿过一个或一系列事物，一般用于抽象事物，如“贯串着革命精神”“这篇讲话贯串着民本思想”。

国事——国是

正例：

①接着，我们又一起唱起了《幸福拍手歌》，在欢快的乐曲中，我想了很多很多，并在心里大声地说："温爷爷，您整日奔波，为国事操劳，请您一定要保重身体！" 常子宜《我的同桌是总理》（《江南时报》2009 年 9 月 14 日第 03 版）

②中共中央、全国人大、国务院、全国政协在这里举行重要会议；人大代表在这里共商国是、行使神圣权力；党和国家领导人在这里接待来访的各国首脑和国际友人。 毛磊《人民大会堂建成 50 周年回顾展开幕》（《人民日报》2009 年 9 月 22 日第 02 版）

错例：

有记者问："您在去年十一月首次对中国进行国是访问时曾参观过在建的'鸟巢'体育场，您对北京奥运筹备有何感想？"

辨析：

"国是"指国家大事、大政方针、基本国策，属于文言，多用于书面语中，有庄重、严肃的风格色彩。如：代表委员共商国是。"国事"指国家大事、政事，也可泛指一切与国家有关的事情，书面语和口语中都常用。如：关心国事。"国事"可以做定语，如"进行国事访问"，"国是"没有这种用法。

过度——过渡

正例：

①售货员罗建军热情得有些过度，快速泡了杯茶端出来，

说这叫绿茶，你尝尝。 胡学文《柳絮》（《北京文学·中篇小说月报》2009 年第 11 期第 30 页）

②景颇、傈僳、独龙等 20 个民族约 66 万人，从原始社会、阶级社会初期直接过渡到社会主义社会。 宣宇才、徐元锋、胡洪江《倾听云南和谐“三部曲”》（《人民日报》2009 年 10 月 1 日第 44 版）

错例：

①承德北部山区是内蒙高原与燕山山地的过度地带，坝上是一望无际的高山、草甸山花烂漫、碧水如蓝，坝上坝下之间原始次生林树种丰富。

②这些改装车只是地铁改造的过度车型，增加乘坐的舒适度，今后都将更换新型列车。

辨析：

“度”本义是计量长短，后引申出“程度”“限度”的意思。“过度”，就是超过限度。“渡”是“三点水旁”，与水有关，指由这一岸到那一岸，或通过江河等。“过渡”是指事物由一个阶段或状态逐渐发展变化而转入另一个阶段或状态。

H

合计——核计

正例：

①按目前原料的国际市场价，每吨原料节约成本 100 美元，合计带来效益近 4000 万元。　王学文《金钥匙送出“点金指”》[《人民日报》(海外版) 2009 年 10 月 2 日第 06 版]

②补玉只是简短地回答了几句，说还得跟丈夫好好合计，并让他别净熬夜。　严歌苓《补玉山居》(《小说月报·原创版》2012 年第 2 期第 64 页)

③这几项成本一核计，社员每亩地又等于多挣 50 元。　杨兴文《同样的玉米，咋能增收 200 多元呢?》(哈尔滨日报新闻网 2008 年 1 月 14 日)

错例：

大头见他不吱声，就说：“别瞎核计了，这事只要咱哥几个不说，谁也别想知道。”说完，便指挥二驴子和老嘎子把已挖好的墓坑又向下挖了二米。

辨析：

合计：盘算；商量；总共。经常作为商量的口语化用法，如：咱们合计合计这件事该怎么办。核计：核算，财会类术语，如：你核计一下本年度的收支情况。

合龙——合拢

正例：

①记者从铁道部获悉，9 月 28 日，京沪高速铁路南京大胜关长江大桥胜利合龙。　黄晶华《京沪高铁合龙长江大桥》（《国际金融报》2009 年 9 月 29 日第 02 版）

②有一天，百无聊赖地到一个小书摊看连环画，正巧看到这一本。全身像被一种奇怪的法术罩住，一遍遍地重翻着，直到黄昏时分，管书摊的老大爷用手指轻轻敲了敲我的肩，说他要回家吃饭了，我才把书合拢，恭恭敬敬放在他手里。　余秋雨《关于友情》（《收获》1998 年第 1 期第 112 页）

③孙畅张开的嘴巴像卡了只乒乓球，久久没有合拢。　东西《救命》（《小说月报》2011 年第 4 期第 8 页）

错例：

当他第二次从昏迷中醒来时，两段坝身已在洪水中筑起。合拢必须一次完成……几百名军人拿身体堵在合拢口上。

辨析：

合龙：指筑堤、建桥从两端施工，最后在中间接合。“合龙”的“龙”可以理解为“一个整体”，“合龙”即接合成整体。合拢：指两物闭合在一起，如“笑得合不拢嘴”。“合拢”的“拢”含义就是“闭合”。

合算——核算

正例：

①钱，怎么存才合算？　孙敏（《宿迁日报》2011 年 4 月

8 日第 A8 版标题）

②夫妻吵架　要核算成本　积雪草（《洛阳日报》2008 年 7 月 9 日第 7 版标题）

错例：

①看了拉孔奥要的圣诞狗和复活节的兔子的设计图，罗小虫叫人连夜去合算成本，第二天上午正式谈价格及有关事项。

②如果按目前中低价位住宅售价 6000 元/平方米，土地出让价格占到 1/2 计算，土地出让单价在 3000 元/平方米则是比较核算的，但是核心区域已经很难有如此低价格的土地。

辨析：

合算：①所费人力物力较少而收效较大。②算计。核算：企业经营上的核查计算。

合约——和约

正例：

①阿丑说："现在流行协议结婚，跟公司与员工之间签订合约一样。此外，公司还有员工持股计划、利润分配计划，这些也可以视作合约……"　成君忆《水煮三国》（中信出版社 2008 年 10 月第 2 版第 159 页）

②在 1848 年，墨西哥被迫和入侵的美国签订和约，割让大片国土；十多年后又被法国占领，直到 1867 年才将侵略者赶出墨西哥。　张蕾《墨西哥独立日　绿白红的海洋》（《人民日报》2009 年 9 月 17 日第 14 版）

错例：

昨天，京金泰恒业公司（原煤炭总公司）与北京热力集团签订煤炭供需合作和约。

辨析：

合约：合同。和约：交战双方订立的结束战争、恢复和平关系的条约。

恒心——横心

正例：

①我在工作中总结了“五心精神”：一是对来访群众要热心；二是对群众的困难要有同情心；三是为群众解决问题要有诚心；四是处理问题遇到阻力要有决心；五是对一时解决不了的问题要有长期作战的恒心。 《继承光荣传统 弘扬崇高精神》（《人民日报》2009年9月15日第15版）

②可是陈丹青却觉得“缄言”二字太雅，又近生僻字，且新书下厂印制的时日逼近，一横心就此交差。 卜昌伟《陈丹青新作不要花招》（《京华时报》2008年12月30日第028版）

错例：

这些说起来简单，做起来不容易，关键是恒下心来修炼。

辨析：

恒心：名词，长久不变的意志。横心：动词，下决心不顾一切。“横下心”是对的。

横批——横披

正例：

①最后，我想起了一首古诗中的句子：几处早莺争暖树，谁家新燕啄春泥。写好后，我又写了横批：我想小草。 王往《留给傻子的春天》（《小说选刊》2009年第3期第48页）

②20 世纪 20 年代初，“遗老”沈曾植送给了张大千的老师曾龙髯一幅山水横披，作者是“明末四僧”之一的石谿。阿童《张大千“造假”》（《民间故事选刊》2008 年第 4 期上）

错例：

大厦门口春联上方四字横披，读向由左至右，虽说不合规格，但为配合当今人们读横向习惯，勉强接受。

辨析：

据《现代汉语词典》（第 6 版），横批：同对联相配的横幅。横披：长条形的横幅字画。

化妆——化装

正例：

①方欣化妆是从来不擦胭脂的，但老板脸颊上的胭脂第一次让她领略到了胭脂的魅力。相形之下，方欣真的有些素过头了。　裘山山《春天的一个夜晚》（《小说月报》2003 年第 11 期第 24 页）

②接着，参谋长王多年也找不到了。有人说参谋长是辽宁人，人地两熟，他化装之后投奔他的朋友青岛绥靖区司令官刘安祺去了。　王树增《解放战争（Ⅱ）》（《当代》2009 年第 5 期第 68 页）

错例：

①他化妆成一个断了腿的人，并且弄瞎了眼睛，弓着腰走到他面前。

②对于记者的疑惑，郭鑫雨解释说，学校以前所有的英语角活动都是由他们举办的，类似的活动如化妆舞会等也取得了很大的成功，校方找到他们也是因为他们有相关的经验。

辨析：

“化妆”与“化装”都是动词，都有修饰、打扮的意思，但是其内容和目的有差异。从内容上看，“化妆”一般只涉及身体局部的修饰改变，如头发、面容、手、脚、眼等；“化装”可以涉及身体局部，如头发、面容等，也可以是全身装扮，包括服饰、身份等外在的东西。从目的上看，“化妆”通常以修饰美化自己为目的，使自己仪表整洁，显得端庄、漂亮；“化装”则是假扮，目的是隐藏自己本来的面目和真实的身份，让别人把自己当成另外的人。

话风——话锋

正例：

①时下，我们的一些党员干部下基层与群众接触交流时，确实存在“话风”不良的现象。 唐健梅《改“话风”促作风》（《桂林日报》2011 年 12 月 21 日第 2 版）

②这时的乔乔突然话锋一转，在烟雾中幽幽说道，你知道吗，蒲刃？她略一迟疑道，其实我做了决定以后去找过你，我想无论如何这件事必须有个交代，我去了你宿舍。 张欣《不在梅边在柳边》（《江南》2011 年第 4 期）

错例：

在一次局办公会上，徐建东表情跟往常一样，说话不紧不慢：“安排工作之前，我想与大家讨论纳税服务问题。”可话风一转，语气很严厉：“县里的人大代表向我反映，……”

辨析：

话锋：话头。话风：讲话的风格和做派。

J

机体——肌体

正例：

①坚持经常用冷毛巾敷头面，每天数次，每次3—5分钟，一方面能提高思维敏捷度，另一方面还能够提高机体免疫力，防止感冒。　赵芳芳《头对风，暖烘烘　脚对风，请郎中》（《生命时报》2009年9月25日第04版）

②应当承认，黑恶势力与官员腐败并称为两大社会毒瘤，在任何现代国家都会不同程度地存在，也很难被完全消灭。但是，一个对民众负责任的政府，则完全有能力也必须做到有效控制，不致使其危害社会肌体健康。　陈家兴《壮士断腕除恶务尽》（《京华时报》2009年9月2日第002版）

错例：

一般先把病人全身麻醉，再用冰块或水使人的体温降至零下30度，此时病人肌体的新陈代谢减慢，消耗的能量减少，对外界反应迟钝。

辨析：

机体：生物学用语，具有生命的个体的统称，包括植物和动物，如“加速机体的新陈代谢”，也叫“有机体”。肌体：指身体，也用来比喻组织机构。

及时——即时

正例：

①我认为政府最主要的应对策略第一就是要及时公开信息，对灾害灾难、群体性事件，不要掩盖，要真实面对社会，快速真实地公布信息。　陈城《官员急补应急课》（《大地》2009 年第 17 期）

②2008 年 7 月，当国际油价冲上 140 美元/桶的高位时，业界普遍期待神华能够抓住机遇，即时投产趁热出油。　吴莉《煤制天然气投资要理性》（《中国能源报》2009 年 8 月 17 日第 08 版）

错例：

沭阳县中小企业应急互助基金自 2009 年 4 月开始运作以来，累计为企业融资 36 笔计 13990 万元，平均每笔 388.6 万元，为 30 余户会员企业渡过难关，成为中小企业发展的“即时雨”。

辨析：

及时：正赶上时候，适合需要；不拖延，马上，立刻。即时：立即。“及时雨”是对的。

挤对——挤兑

正例：

①于是在一九三四年秋天，我就成了高中的国文教员。校长待我是好的，同学生的关系也颇融洽。但是同行的国文教员对我却有挤对之意。　季羡林《牛棚杂忆》（中共中央党校出版社 1998 年 4 月版第 237 页）

②银行发生挤兑，有的地方银行因不能及时支付，群众在

愤怒之下把柜台推倒。　郭高中《1988年　价格闯关》（《中国经济周刊》2009年第38、39期）

错例：

这巷子里的人……内里也明明暗暗地斗，你挤兑我，我挤兑你，可不兴恼，要怪只能怪自己没本事。

辨析：

作挤着兑现（多指钱款）解释时，用“挤兑”。作逼迫他人屈从或排挤、欺负解释时，用“挤对”。

忌日——祭日

正例：

①据小李讲，反正自打他来到干休所工作以来，每年到了腊月初二，也就是那个副连长的忌日，他都看见王副军长一个人躲在屋子里，把门反锁上，一天不吃不喝，还在一张纸上，写上那个副连长的名字，贴在墙上，看着那个名字，一言不发地坐上一天，给牺牲的副连长祭奠。　武歆《老倔的三部曲》（《长城》2011年第3期）

②今天是南京大屠杀遇难同胞73周年祭日。上午10时，南京全市鸣防空警报悼念侵华日军南京大屠杀遇难同胞，警醒世人。　张宗合《南京上午鸣笛悼念同胞》（《北京晚报》2010年12月13日第21版）

错例：

今天是奶奶的祭日……奶奶逝世已经三年了，就在三年前的今天傍晚，九十三岁的奶奶，永远地离开了我们。

辨析：

先辈去世的日子写作“忌日”。按照传统习俗，该日禁忌宴饮娱乐。“忌”在这里是禁戒的意思。而“祭日”的意思是祭祀或祭奠的日子。《管子·轻重己》：“冬尽而春始，天子东出其国四十六里而坛，服青而绕青，搢玉揔，带玉监，朝诸侯卿大夫列士，循于百姓，号曰祭日。”《礼记·祭法》：“埋少牢于泰昭，祭时也；相近于坎坛，祭寒暑也；王宫，祭日也。”

坚壁——间壁

正例：

①我跑进超市里大喊：“快把食品都藏起来！敌人打过来了！我们坚壁清野，把敌人饿死！” 杨光洲《恶梦一场》（《杂文选刊·职场版》2011 年第 10 期）

②郑二楞将地下室改造成鸡舍，将屋子用胶合板间壁起来，里侧住人，外侧做酱菜铺子，开始了新生活。 迟子建《黄鸡白酒》（《小说月报》2011 年第 7 期第 9 页）

错例：

接着就是敌人的扫荡，间壁清野，打窑洞，钻窑洞，与敌周旋。

辨析：

坚壁：藏起来使不落到敌人的手里（多指藏物资）。间（jiàn）壁：①隔壁。②把房间隔开的简易墙壁。

检查——检察

正例：

①现在的我已经是多事之秋的年岁了，不得不防啊。这才决定去医院检查一下血压、血的浓度，还有血的流速。做到心

里有数，防范于未然。　阿成《文革旅游》（《小说选刊》2000年第5期第29页）

②检察机关认为，应当以抢劫罪追究王某的刑事责任。裴晓兰《女子奋力反抗夺刀扎晕劫匪》（《京华时报》2009年9月21日第010版）

错例：

①他复写了三十封信，寄给省委、地委、省检查院、省报、地报、省作协分会、地区文联、新华社总社、分社……

②日前，检查机关已将这个集团的12名成员逮捕。

辨析：

检查：指一般的查看查考。检察：专指对犯罪事实的审查检举。“检察机关”不能写成“检查机关”。

简洁——简捷

正例：

①我再想了想，还是觉得不对，因为伏尔泰的文风，无论如何说不上“臃肿”，他从来都是以文笔简洁明快、精练犀利著称。　鲁进《“臃肿”的伏尔泰》（《中华读书报》2007年7月18日第19版）

②像毕业于技工学校的王洪军，创造出一套实用简捷的轿车车身钣金整修方法，于2007年获国家科学技术进步二等奖，此方法还以他的名字来命名。　张志峰《创新教育不是奢侈品》（《人民日报》2009年9月25日第13版）

错例：

与传统的人脸鉴别特征提取方法相比，该方法的主要优点是其鉴别能力与传统方法NSM、OCS相当，但算法简洁、计算效率高，而且非常适合不断有新的训练样本加入的各种应用场合。

辨析：

简洁：侧重指干净整洁、不啰唆、不拖泥带水，指说话或行文简明扼要，没有多余的内容。例如：他的稿件篇幅不长，文笔简洁。简捷：侧重指简便快捷。例如：他发明了一种更简捷的操作方法。所以，“简洁”指说话、行文等，“简捷”指行为、做法等。

饯行——践行

正例：

①到了目的地，才知原来是参加县里的最高领导的私人宴会——给最高领导的女儿出国饯行。　高阎王《大钞过年》［《杂文月刊》2005 年 6 月（上）第 48 页］

②吕老师摇摇头，说：别人都是拿这些先贤的话来应景说大话，你却非要忠实地去践行。　胡晓晖《大山师魂》（《中国作家·影视》2011 年第 7 期第 216 页）

错例：

①张治中曾对此回忆说：蒋介石随后就亲笔写一封给毛的信交我。此时，恰逢林彪即将回延安，我在家为其践行，那天晚上就把信交给了林彪。

②正是因此，李坤华用 15 个春秋默默饯行着这句朴实的诺言：“我只是想带好每一个学生。”

辨析：

饯行：设酒食送行。如：为代表团饯行。践行：实行；实践。如：践行诺言、践行宗旨、践行奥运精神。

健步——箭步

正例：

①可是我错了，我自始至终都没有真正了解过陈。人与人之间的亲密远远不能用肌肤之间的距离来衡量。没有红色连衣裙的拖累，他立刻恢复了他的灵活和敏捷，身形轻快，健步如飞。　清寒《碎碗》（《山花》2011 年第 10 期）

②老潘头的话还没有说完，潘大婶一个箭步跳过来，几乎要用手捂住他的嘴。她指了指大门外的马风仙，又用指头像敲边鼓似的捣着他的额头，意思说：要叫人家马风仙听见了怎么办！　李准《芒果》（《小说月报》1981 年第 1 期第 33 页）

错例：

①同行的两位美国作家是登山爱好者，他们登过很多世界名山，海拔不足千米的山在他们眼里就是小菜一碟，不在话下。他们箭步如飞，走在最前。

②老远就听见工棚里人声鼎沸的，想来"釉里红"的交易早就开始啦，我真想一个健步冲进去，分开左右人群，将所有的宝贝尽收囊中。

辨析：

健步：轻快有力的脚步。如：健步如飞；健步走上主席台。箭步：一下子蹿得很远的脚步。如：一个箭步蹿上月台；一个箭步冲了进去。

交代——交待

正例：

①朋友，您别误会，笔者还不至于如此浅薄，下面便会交代清楚有关这篇文章的一些“真相”的。 袁敏杰《乐为他人做嫁衣》（《新闻战线》2007 年 10 月 10 日第 10 期）

②这一掌可比诸葛元英挨的重得多，把上官风打得双脚离地，抛出去一丈多远，幸亏徐良身子快，伸手把老剑客给抱住了，若让上官风摔到地上，这条命当场就得交待。 单田芳《白眉大侠》（白鹿书院网站 2000 年 10 月 7 日）

错例：

①开心网上一项专门针对这起事件的调查中，2500 多人投票表示，“住进去的话，这辈子就交代了。”

②一些墙壁会被子弹击穿，可以要刀，一刀砍到敌人脸上，基本他就交代了。

辨析：

交代：把经手的事务移交给接替的人，如“交代工作”；嘱咐，如“他一再交代我们要注意工程质量”；把事情或意见向有关的人说明，把错误或罪行坦白出来，如“交代政策”“交代问题”，此时也作“交待”。交待：完结（指不如意的结局，含诙谐意），如“要是飞机出了事，这条命也就交待了。”

交游——郊游

正例：

①他喜欢赋诗作画，热衷于字画鉴赏与收藏，因为这一缘

故，他与交游广泛的黄胄成了挚友。　李辉《传奇黄永玉》（《北京青年报》2010 年 8 月 18 日第 C7 版）

②本来，这一天刘敏为刘利和彭教授安排了一次郊游，刘利也曾答应了的。两姊妹甚至还讨论过在山上住一晚的可能性。可乔曼的短信改变了一切。　阿满《花蕊》（《北京文学·中篇小说月报》2009 年第 12 期第 77 页）

错例：

离"五一"黄金周尚远，踏青又不能走远，去西青交游既饱览田园风光，又体验民俗风情，不失为一种好的选择。

辨析：

交游：结交朋友。郊游：到郊外游览。

骄气——娇气

正例：

①演艺圈是个心气浮动的行业，许多女孩子因为自己年轻漂亮，再加上出演了几部戏的主角，不免有些骄气，有点张扬，但是这些习气在杨雪身上根本没有任何痕迹。　莫北《我简单所以我快乐》（《京华时报》2006 年 10 月 25 日第 116 版）

②现代人真是越来越娇气，徐霞客的时代，没有越野车，没有高速公路，连台灯都没有，有的只是一颗不知疲倦的心，和永不停止的写作。　祝勇《霞客行》（《北京晚报》2010 年 6 月 13 日第 13 版）

错例：

用化学溶剂就更不可取，这种化学制剂对"骄气"的液晶面板简直就是毁灭性的打击。

辨析：

骄气：指骄傲自满的作风。如：他稍有成绩便骄气十足；骄气逼人。娇气：既可指意志脆弱、不能吃苦、习惯于享受的作风，也可指物品、花草等容易损坏。如：娇气的含羞草；这种瓷器特别娇气；娇气的小姐和公子哥儿等。当用来指人时，二者可以合起来用，表示一种既骄傲自满，又贪图享受，不能吃苦甚至连碰也碰不得等意思。如：这位骄气十足的小姐还娇气得很呢。

浇注——浇铸——浇筑

正例：

①城管队员检查中发现，这 3 家工地存在夜间浇注混凝土行为，产生较大噪音，目前这 3 家工地已被城管部门立案查处。 袁国礼《3 家工地违规施工被曝》（《京华时报》2009 年 6 月 7 日第 003 版）

②这些微量的不足，在前电脑时代，由于各印刷厂的铅字都是用统一的铜模浇铸出来的，用字部门光凭视觉对这些微小的差异不易察觉；…… 董洪亮《汉字表引出四大追问》（《人民日报》2009 年 8 月 13 日第 09 版）

③采用冰块、冷却管等降温手段突破高温的羁绊，创造了烈日下浇筑大坝的奇迹。 刘伟、王英诚、王勉《中国水电建设史上的又一个“坐标”》（人民网 2006 年 9 月 30 日）

错例：

2008 年 4 月 1 号，深圳龙岗区的地铁 3 号线工地进行桥墩浇铸混凝土施工时，母板突然发生坍塌，混凝土倾泄而下，5 人被埋，最终三死两伤。

辨析：

浇注：把熔化了的金属、混凝土等注入（模型等）。浇铸：把熔化了的金属等倒入模型，铸成物件。浇筑：土木建筑工程中指把混凝土等材料灌注到模子里制成预定形体。三者中，“浇注”侧重过程，“浇铸”和“浇筑”侧重结果。“浇铸”和金属相关，而“浇筑”和建筑相关。

角球——脚球

正例：

①昨晨，德乙联赛中，邵佳一继续着神勇的发挥。他以一个“贝氏弧线”角球直接得分，后又用脚后跟“蝎子摆尾”梅开二度。　孙永军《邵佳一梦幻两球难救主》（《京华时报》2009 年 9 月 16 日第 029 版）

②篮球史上的第一个空中脚球　贺同解（《体育博览》1986 年第 9 期标题）

错例：

他可以踢任意球、脚球、点球，场上移动速度快，动作快，精神集中，球到了他的脚下不太容易丢，护球较好，但带球不稳，防守是他的弱项。

辨析：

角球：足球比赛守方队员将球踢出或触出本方端线时，判为角球，由攻方在离球出界处较近的角球区内踢球。脚球：相对于“手球”来说。

接合——结合

正例：

①宋斯基亲自来通天园实地考察一番后，见这早先城乡接合部的大垃圾场，竟然打起“通天”之牌，心里不禁暗自冷笑。 徐坤《通天河》（《小说选刊·精装本》2009 年第 7 期第 6 页）

②中国特色社会主义理论体系，就是在解决这一当代中国最大的政治的过程中，马克思主义与中国实际相结合的产物。 王红茹《2007 年 科学发展观列入党章》（《中国经济周刊》2009 年第 38、39 期）

错例：

①在两部防地结合部，韩和随员受到七十三军警戒部队的狙击。

②这个镇子呈现着城乡结合部的混乱面貌，一些新的建筑物很洋气，但大片的民居却又很乡村味……

辨析：

接合：连接使合在一起。接合部：本是一个军事术语，指作战时两个部队战斗队形或阵地相连接的地方（《军事大辞典》第 75 页，上海辞书出版社 1992 年 12 月版）。军事常识告诉人们，“接合部”因其容易让人产生麻痹和容易被人忽略而成为薄弱的部位，作战时，它往往会成为攻击或被攻击的突破口。后来，人们也常说“城乡接合部”，即城市与乡村相连接的地方。

结合：指人或事物间发生密切联系，如“知识分子和工农群众相结合”“理论结合实际”等。没有“结合部”一说。

接收——接受

正例：

①而这些尚未初中毕业的孩子，大多是在 16 周岁以下，如果谁接收了他们打工，显然是违背了法律。　毛建国《宣传“读完初中再打工”是为啥》（《京华时报》2009 年 9 月 24 日第 002 版）

②法国前总统希拉克在接受记者采访时表示，他对中国未来的发展前景持乐观态度。　顾玉清《“和谐万事兴”》（《人民日报》2009 年 10 月 3 日第 04 版）

错例：

①因此，“猛禽”采购案必将在日本国会接收考验。

②赵燕平昨日获得了阐述自己炒汇经验的机会，在东城法院的被告席上接收询问时，这名 50 岁的中年女子畅谈自己 10 年的炒汇经验。

辨析：

接收：收受；接纳；根据法令把机构、财产等拿过来，如“接收无线电电波”“中国政府接收了香港的主权”“接收逆产”。接受：对事物容纳而不拒绝，如“接受意见”“接受考验”。“接受”使用范围和适用对象较广泛，“接收”使用范围小得多，多是机构、财产、人员等。

节余——结余

正例：

①韦丽说，“房价那么高，干吗要买房？我不稀罕，租房

子多好，我们把节余下来的钱，拿出来旅游，我想去伊拉克，还想去看看阿富汗巴米扬大佛遗址。”　许春樵《知识分子》（《小说选刊》2011年第5期第125页）

②社员们把分红叫做“擗钱”，擗钱后若是结余多，队长就会张罗一台戏。　迟子建《七十年代的四季歌》（《小说选刊》2011年第3期第169页）

错例：

根据《北京奥运会财务收支和奥运场馆建设项目跟踪审计结果》，截至2009年3月15日，北京奥组委计算的奥运会（含残奥会）直接收入为213.63亿元，支出202.06亿元，收支节余超过10亿元。

辨析：

节余：因节约而剩余；节余的钱款或东西。结余：结算后剩余；结算后剩余的钱款。

截止——截至

正例：

①记者昨天下午在旅行社看到，尽管报名工作早在本月17日就已经截止，仍有不少游客打电话要求参加观看发射。　刘薇《发射前将疏散两千群众》（《京华时报》2007年10月24日第003版）

②甫一坐定，黄书记开门见山地问道，截至昨日，倒闭几家？停产几家？半停产几家？　郑局廷《弯道超越》（《小说月报》2010年第5期第32页）

错例：

如果孩子认了她的亲生父母，那么她同福利院的关系也就自动解除了。但如果孩子没认，那王育英也就只能是福利院的孩子。说到底，福利院只为孩子负责。因为截止目前为止，王育英终究还是福利院的孩子。

辨析：

截至：事情并未结束，为了统计或说明的需要，在某个时点切断。如“截至昨日报名者已逾五百人”（这句话的言外之意是报名工作并未于昨日结束）。

截止：事情不再向前发展，到一定期限停止。如“报名已于昨日截止”（这句话的言外之意是从今天开始不能再报名了）。另，“截止目前为止”也显得啰唆，可改为“截至目前”。

解除——戒除

正例：

①这部法律，开创了新中国社会保障的先河，为广大职工解除了因工伤、疾病、年老时缺乏生活来源的后顾之忧，体现了社会主义制度的优越性，受到人民的热烈欢迎。　叶紫《为人民撑起一片绿荫》[《人民日报》（海外版）2009 年 9 月 29 日第 02 版]

②平常应注意保持口腔清洁，常用淡盐水漱口，戒除烟酒，生活起居有规律，保证充足的睡眠。　丘石《换季时节提防“上火”》（《生命时报》2009 年 9 月 22 日第 11 版）

错例：

17 岁少女解除网瘾

辨析：

解除：去掉，消除。戒除：改掉（不良嗜好）。“戒除网瘾”不能写成“解除网瘾”。

界限——界线

正例：

①讲话中，奥巴马触及多方面内容，努力与前任布什划清界限，表示美国愿意通过联合国这一平台实现国际合作。　王丰丰《“别指望美国独自解决全球问题”》（《江南时报》2009年9月25日第12版）

②历次改革往往忽视了这一点，留下了有山无证、有证无山、山证不符、界线不清等诸多隐患。　严冰《林地承包到户，农村改革的又一里程碑》（《中国经济周刊》2008年第27期）

错例：

英国人处理工作中各种关系如同政客；法国人则把生活带进办公室；亚洲人干起活来不要命；而德国人工作和生活绝对是界线分明。

辨析：

“界限”“界线”都具有表示“不同事物的分界”的义项，但“界限”所适用的对象一般是抽象事物，“界线”所适用的对象往往侧重于具体事物。另外，它们还具有各不相同的义项。“界限”有“尽头”“限度”之义，“界线”既指“某些事物的边缘”，又用来指“相邻地区（部位）分界的线”。

介子——芥子

正例：

①日本第一位诺贝尔奖获得者汤川秀树，发现了在阳质子

与中性子之间作为媒介作用的核力，预言了介子的存在，因此获得1949年诺贝尔物理学奖。　董洪亮《给每个人搭建进步的阶梯》（《人民日报》2009年6月18日第13版）

②李伦先生的作品画幅虽小，气魄却很宏大，水天中先生读他的画时有如下评价："方寸之间有一种纳须弥于芥子的气象"，"在宽不盈尺的画面空间里让人觉得有一种心游万仞的气度"。　綦琳《李伦其人其画》[《人民日报》（海外版）2008年7月1日第08版]

错例：

假山外部虽然体积庞大，但内部却通透空灵，既可省材，又充分体现了中国园林"介子纳须弥"，小中见大的造园思想。

辨析：

"介子"，质量介于电子和核子之间的粒子。"芥子"，芥菜的种子，可榨油或制芥末。"须弥芥子"是个成语，意思是偌大一个须弥山塞进一粒小小的菜籽之中刚刚合适，形容佛法无边，神通广大；也形容诗文波诡变幻，才思出众。

精减——精简

正例：

①2005年，丹阳市开展文艺团体市场化改革，实行由全民事业单位向企业化单位的彻底改制，将原来的92名职工精减到28名。　龚永泉《舞台原来这么大》（《人民日报》2009年9月4日第02版）

②精简和规范各类议事机构和办事机构，减少行政层次，降低行政成本，提高行政信息的时效性，减少信息不对称和信息失真现象的发生。　陈潭《现代政府制度构建要点》（《人民

论坛》2009 年第 21 期）

错例：

我用此书主要是因为看过教材后不能自己精减内容，把书读薄，因为觉得教材上的知识都是很好的，所以抓不住重点，而这本书能帮我拣重点，分阶段。

辨析：

精减：经过挑选，去掉或减少不必要的，侧重于数量的减少。精简：去掉不必要的，留下必要的，侧重于把繁杂的变成少而精的。“精简内容”不能写成“精减内容”。

救急——救济

正例：

①我也是孩子买房要钱，没有办法想了，才想起这么个主意救急。　邓宏顺《乡风》（《中篇小说选刊》2011 年第 5 期第 175 页）

②一个寻常公民，如果受到公权力的侵害，有哪些途径获得救济？　吴钩《可复制的救济，才是公共救济》（《杂文月刊》2007 年第 7 期）

错例：

在那个年代，在生与死的边缘，抗着病魔，忍着疼痛，耐着饥饿，他断然拒绝美国的救急粮，好一个傲骨的文人，他走了，却让我们永远记住他不朽的精神——玉碎精神。

辨析：

救急：帮助解决突然发生的伤病或其他危难，突出的是情势紧急。救济：用金钱或物资帮助灾区或生活困难的人；在法律上的解释是当一个人的合法权益被他人侵害时，法律上给予受损一方的补偿。

救市——救世

正例：

①随着近期股指的破位下行，市场上救市的呼声甚高。不仅有不少投资者呼吁救市，而且也有部分业内人士也加入到呼吁救市的队伍中来。　皮海洲《股市低迷，“救市”还是“治市”?》（《新民周刊》2011年第40期）

②《国际歌》歌词中说得好：从来就没有什么救世主，也不靠神仙皇帝。　王长江《要有使命感　不做救世主》（《当代贵州》2011年第9期）

错例：

上午几乎所有的消息面一片悲观，而各方希望救世的呐喊已经震耳欲聋。

辨析：

救市：采用一定的手段或方式对市场施加影响，使其摆脱困境。市指“市场”。救世：拯救世人。世指“世人”。

决不——绝不

正例：

①马宝玉对大家说：“我们是光荣的八路军，决不能向鬼子投降，也决不能当俘虏！我们已完成了上级交给的任务，即使牺牲了也值得。”　《继承光荣传统　弘扬崇高精神》（《人民日报》2009年9月15日第15版）

②只能听见自己说话的人，绝不会有什么进步。　高伟

《处世箴言》(《讽刺与幽默》2007 年 11 月 23 日第 14 版)

错例:

①2005 级 1 班的阿不都塞米说:“犯罪分子利用广东韶关群体斗殴事件,蓄意挑起民族仇恨、民族对立,想破坏我们各民族的好生活,我们绝不答应!”

②他们的装扮在我眼里同样不伦不类,老的是一件看不出来本来面目的单衫,一条补了又补的灰裤子,补丁粗针大线,决不是出自女性之手。

辨析:

“决不”跟“绝不”都表示坚决的否定,但两者意思有细微差别。“决”用在否定词“不、无、非、没”等前面,是表示坚决否定,强调主观。“决不”就是“坚决不”的意思。“绝”用在否定词“不、无、非”等前面,表示完全否定,强调客观。“绝不”可以理解为“全然不”,进一步说,就是“所有情况下都不”或者“任何情况下都不”。例如:“我决不去”是说“我”坚决不去。“我绝不去”是说“我”在任何情况下都不去。

决然——绝然

正例:

①回国后,他决然选择在厦门创业,至今不愿迁到别的地方。　罗传达《“我们为何选择厦门?”》[《人民日报》(海外版)2009 年 8 月 29 日第 05 版]

②这同以往的所谓节庆画展、观摩画展、回顾画展、商业画展绝然不同。　李绪萱《一次别出心裁的雅集》[《人民日报》(海外版)2007 年 4 月 2 日第 07 版]

错例：

这也就是为什么当天空下起小雨时，这位老将毅然绝然地冲出了第一集团。

辨析：

二者都是副词，都可以用来修饰动词或形容词。不同的是："绝然"强调客观，有断然、绝对的意思，如"第一个穿过三峡的人，绝然不是最后一个"。"决然"强调主观，有两种意思，一种是形容很坚决，如"决然返回"；一种是表示必然、一定，如"东张西望，道听途说，决然得不到完全的知识"。表示人态度坚决的"毅然决然"不能写成"毅然绝然"。

K

开启——开气儿

正例：

①钟声敲响，大幕开启，绚烂的鲜花绽放于舞台，56 个民族的儿女身着节日盛装共同捧出鲜花献给祖国。　张贺《时代华章抒心声》（《人民日报》2009 年 9 月 30 日第 15 版）

②西装后开气儿必须剪开，否则有暗袋之嫌。　《某公司的着装规定》（人民网 2007 年 5 月 21 日）

错例：

到有一天我在《七十二家房客》电影里看到那是肉色的丝袜，在旗袍的开启处直接伸进大腿，跟裤子一样长，我明白了母亲三十八岁之后再也没有穿过旗袍的原因。

辨析：

开启：动词，打开；开创。开气儿：名词，衣服下摆开的短缝。

看中——看重

正例：

①她看中容萱，并不尽然都为了文字能力，更重要的是她

的社会关系，在PR那儿有面子，她实际上等于是个资料库。赵赵《穿“动物园”的女编辑》（长江文艺出版社，《北京青年报》2011年11月10日第C7版·每日连载）

②李总眉头一皱：怎么才来几个月你就想着出去玩儿了？一点事业心都没有。我还总跟人家说你是硕士，光我看重你有什么用，你得自己看重你自己才行。　裘山山《春天的一个夜晚》（《小说月报》2003年第11期第29页）

错例：

①你不看中钱，这点好，可你太看中仕途，这比看中钱还可怕。

②大家都有了经济意识以后，改为收购，主要是从私人手里收购，私人有时候会带着标本上门兜售，我们看重了就买。

辨析：

看中：指经过观察，感觉合意，不能加“很”字修饰，如“这种款式，我早已看中多时了”。看重：指很看得起，看得很要紧，可以说“很看重”，如“他的最大特点是看重名利”。

考查——考察

正例：

①经过几个月的严格考查，党组织认为谢士炎已成为一个自觉地为人民革命事业奋斗的忠诚战士，决定考虑发展他入党的问题。　苏文洋《交道口·24号》（江苏人民出版社，《北京晚报》2009年10月29日第45版）

②过完六十大寿后，我决定去考察几家养老公寓，我听说其中一家是政府补贴专为够级别的老干部而建的，另一家是社区和某企业联办的，还有一家是私营的。　韩银梅《我们的晚

年》（《小说月报》2010 年第 7 期第 87 页）

错例：

①这次学习班采取开门办学方式。先到广州、深圳、青岛、大连、北戴河等沿海城市实地考查一番，然后闭门讨论两周，结业时各人交一篇关于行政管理的论文。

②这次张楠释放出来后，又陪同 B 处长一行去北京、广州做所谓的项目考查，实则是游乐。

辨析：

考查：用一定的标准来检查、衡量（行为、活动等）。考察：实地观察调查。

宽贷——宽待——款待

正例：

①推而广之，发现官夫人利用丈夫权力影响经商办企业的，大占公家便宜的，以及其他违法违纪行为时，从严惩处，决不宽贷，哪个官夫人还敢到处打着丈夫的旗号捞钱呢？　谢茂明《如何给官夫人上好廉政课？》（《人民论坛》2006 年 12 月 1 日第 23 期）

②瓦解敌军的原则是，配合军事打击，对敌军开展政治攻势，实行宽待俘虏政策，……　《中国人民解放军政治工作三大原则》（《人民日报》2007 年 9 月 6 日第 02 版）

③回国前夕，为答谢这家园艺公司部门经理施密勒先生的盛情款待，我特地邀请他一块儿到一家中国餐厅午餐，施密勒先生非常爽快地接受了我的邀请。　闻已《德国人是这样处理牙签的》（《人民文摘》2007 年 10 月 1 日第 10 期）

错例：

古田会议决议全面地规定了一套革命的政治工作制度，明确规定了红军的内部和外部关系，强调我军必须发扬无产阶级民主，执行官兵一致，军民、军政一致和瓦解敌军、款待俘虏的政治工作三大原则，确立了人民军队的严明纪律。

辨析：

宽贷：指宽容，饶恕。例如：对那些犯了错误而愿意改正的同志，要给予宽贷。宽待：指宽大对待。例如：宽待俘虏。款待：指优厚地招待。例如：我国政府代表团访问朝鲜，受到了盛情款待。

“宽贷”的对象为罪犯，“宽待”的对象为俘虏和投诚人员，“款待”的对象则是客人。

L

老到——老道

正例：

①经验老到的猎人归来时给麦花留下一句话：你男人算是命大，今天捡回一条命，下身的骨头都碎了，他再也站不起来了。 石钟山《闯关东的女人》（《小说月报》2010 年第 5 期第 8 页）

②“你，你狗日的，不是来上庙，是来捉弄老道啊!”庆全老头颤着声，一副要哭的样子。 尤凤伟《隆冬》（《中国作家》2009 年第 1 期第 42 页）

错例：

①小饭店里的打工妹，最大大不过二十岁，和弄堂里别处的小饭铺的打工妹一样的年纪，一样的打工挣钱，可看上去却要老道得多。

②小说叙事成熟，老道，写出了生命的伤痛和怅惘，让我们重新思索人生的意义和价值。

辨析：

老道：名词，道士。老到：形容词，老练周到。二者词性、词义均不同，错用的原因仅仅是读音相同。遣词造句时，不能只管字音正确，而不管词不达意。

雷同——类同

正例：

①即使校长论文中的“百分之四十雷同”确系别有根由，将个人恩怨引入学术争执的做法也对事情解决无益。　刘文嘉《“学术抄袭”鉴别中的“非学术”关卡》（《光明日报》2009年6月22日第06版）

②在内容制造上，传统媒体和新兴媒体的工作方式是类同的，这是一个较为平等的竞争平台。　黄晴《“旗舰”的困境》（《人民日报》2009年8月25日第13版）

错例：

异地股的“济百”有较优的送股分红方案，除权前涨，除权后“贴”；“华药”的情况雷同，走势也同出一辙。

辨析：

两者词义偏重不同。“雷同”，指人云亦云，不该相同而相同，多偏重于主观态度上不动脑子和思想方式的刻板；“类同”，则偏重于客观性质上的相同。两者的感情色彩也不同：“雷同”属贬义词，“类同”属中性词。两者的适用范围也有所不同：“雷同”多用于人的脑力劳动成果，而“类同”不限。

礼仪——礼义

正例：

①一位人力资源管理专家说她给新员工上的第一堂课就是电话礼仪，包括如何清晰而柔和地说出自己的名字。　李桉《打死你我也不说》（《北京晚报》2012年3月6日第42版）

②从道德理性方面讲，男孩对女孩张口即提出“开房”“上床”，完全将礼义廉耻踩在脚下，这是没有责任感、轻浮的表现。　王建一《建一对话女孩》（科学出版社 2010 年 10 月第 1 版第 17 页）

错例：

不得不说，张国立在剧中所扮演的曹老爷是一个令人厌恶的角色，但也正是这个角色，撕破了封建社会仁义道德礼仪廉耻最为虚伪的一面。

辨析：

礼义廉耻：指崇礼、行义、廉洁、知耻，是古代提倡的四种道德规范，被认为是治国之四纲，亦称“四维”。礼为贵贱尊卑要分明，义为事之宜，廉为廉洁方正，耻为识羞耻，指为人要有道德修养。没有“礼仪廉耻”的用法。礼仪：指在人际交往中，以一定的方式来表现的律己敬人的过程，涉及穿着、沟通等内容。

厉害——利害

正例：

①很小心地过了这个石梯，上面的路虽然还很陡，但并不陡得那么厉害了。　陆定一《老山界》（解放军出版社《星火燎原全集》，《北京青年报》2009 年 10 月 13 日第 C7 版·每日连载）

②那个时期我不懂得害怕和利害关系，想到了什么就写什么。　严文井《儿童书和我的家族》（《当代》1987 年第 1 期第 249 页）

错例：

为了不耽误工期，拆迁部的同志苦口婆心地宣传拆迁政策，反复动员，申明厉害关系。

辨析：

利害：兼形容词和名词。作形容词时，意为难以对付或忍受；剧烈、凶猛，这时可以与“厉害（hai）”通用，但“厉害”是首选。作名词时，指利益和损害，是由“利”和“害”这两个意义相对的词素组成的合成词，这时不能与“厉害”相通。

连播——联播

正例：

①《平凡的世界》落到这步田地，路遥万念俱灰，就在路遥绝望的时候，事情出现了转机。中央人民广播电台可以连播长篇小说，该电台的编导叶咏梅看了路遥的作品，决定给他连播。对于叶咏梅，这无疑是一次危险的赌博，弄不好，连工作都保不住的。　曹永《病在北京（二题）》（《山花》2011年第12期）

②那一段时间，高方漠常和日益衰老的父亲，在每日晚饭后，看完新闻联播，就到海边散步。　王泽群《桥牌六君子》（《十月》2001年第3期第41页）

错例：

陈老虽然90多岁了，但仍然非常关注世界和国家大事。他每天都认真看《人民日报》和大字版《参考消息》、电视中的《新闻连播》和《焦点访谈》以及战争节目。

辨析：

连播：广播电台或电视台把一个内容较长的节目分若干次连续播出。联播：若干广播电台或电视台同时转播（某电台或电视台播送的节目）。

廉正——廉政

正例：

①实践证明，一个政党若不能以自己廉正无私的形象争取公众对自己的拥护与爱戴，恐怕连执政机会都没有，更不用谈什么执政能力了。《切实提高执政党驾驭市场经济的能力》（人民网2004年10月14日）

②学校不断加强党建和思想政治工作，稳步推进素质教育。在校园文化、思想道德、党风廉政建设和大学生素质教育等方面起到窗口、示范和辐射作用。《金色华章——重庆大学建校80周年巡礼》[《人民日报》（海外版）2009年9月29日第06版]

错例：

①既然检查组要廉政办公不吃请，那么就不管他们了，饿得他们肠胃粘连住院开刀才好呢，汪佳透这样诅咒着，就假意客气一番后打道回府了。

②针对交通是基础设施建设投资巨大、权力相对集中的领域，更是党风廉正建设和反腐败斗争的重点部门和高风险行业的情况，盐城市交通局局长刘长青表示……

辨析：

廉正：形容词，廉洁正直。廉政：动词，使政治廉洁。常用短语有：廉政建设；廉政教育。“廉正”多用于公务人员，而“廉政”多用于公务机构。“廉政建设”是对的。

靓丽——亮丽

正例：

①李羚眼看奔五十的人了，做了美容出来，剃短了头发，打磨去眼角的鱼尾纹，还是很俏，再穿上凡赛斯的牛仔，戴一副古奇新款墨镜，果真魅力十足，也性感十足，比靓丽少女还要吸引眼球。　鲁娃《西班牙冰层》（《中篇小说选刊》2011年第5期第100页）

②济南军区总医院骨科研究所以它最优良的技术、最优质的服务赢得了军内外患者的信任与信赖，成为济南军区总医院这座现代医疗航母上的一道亮丽风景线。　曹海峰《一道亮丽的风景线——记济南军区总医院外科教研室主任蔡锦芳与济南军区骨科研究所创新技术团队》（《大众日报》2011年12月1日）

错例：

当天，春光明媚，百花盛开，钱袋子渐鼓的农村时尚青年纷纷携手来到赵河湿地拍摄婚纱照。人面桃花相映红，成为新春的一道靓丽景观。

辨析：

“亮丽”和“靓丽”同音，又都是形容词，常被混用。比如，我们经常会见到“一道靓丽的风景线”这种错误用法。

亮丽：①明亮美丽；②美好；优美。主要用以形容风景、色彩、诗文等。靓丽：一般形容人或人的装饰打扮漂亮、美丽，形容其他则不妥。“靓”是个多音字，读“liàng”源于广东方言。“靓（liàng）”在广东话中形容漂亮，可单用，也有复合词，如靓仔（zǎi）、靓女等。

从字面上看，亮丽强调了“明亮”，靓丽则偏重于“漂亮”。所以形容无生命特征的事物时，宜用“亮丽”，形容有生命特征的对象（主要是人）时，宜用“靓丽”。

寥寥——了了

正例：

①相比之下，星期八咖啡店的客人寥寥无几，着实冷清。张廷竹《江南梅雨天》（《北京文学·精彩阅读》2011年第12期第66页）

②我要一位能做好的清汤、善烧青菜的好厨子。我要一位很老的老仆，非常佩服我，但是也不甚了了我所做的是什么文章。 林语堂《我的愿望》（《青春美文》2011年第1期）

错例：

一位河南籍的农民工，在外地开着三轮车串村收破烂，可每天的收获却了了无几，其中一个原因就是他的吆喝让顾客听不明白。

辨析：

“寥寥无几”中的“寥寥”，意思是非常少。“了了”的意思一为明白、懂得；二为清楚、分明；此外，还引申为聪明。“了了”丝毫没有“少”的意思，所以，“了了无几”是错误的。

吝色——吝啬

正例：

①平日捐款修桥铺路，从无吝色。丁甘仁医术好，品德高，他热心为群众服务的精神为群众所敬仰，邻里亲友传诵至

今不辍。　席德治《开中医伤寒温病统一论之先河的丁甘仁》（人民网 2005 年 7 月 18 日）

②不要以为老人家“吝啬”，从 1993 年至今，涂亚常陆续捐出了 8000 余元给“希望工程”，资助了 11 名失学孩子回到课堂。　蔡宇《八旬翁 16 载募助贫困学子》[《人民日报》（海外版）2009 年 9 月 18 日第 02 版]

错例：

我鄙视整天吃吃喝喝、肚满肠肥、挥金如土之人，我也不欣赏守财奴类型的吝色鬼。

辨析：

吝色：名词，舍不得的神色。吝啬：形容词，过分爱惜自己的财物，当用不用。“吝啬鬼”指的是吝啬的或过度节俭的人，不能写作“吝色鬼”。

流传——留传

正例：

①30 年来，她演唱过各类歌曲 600 余首，其中有许多脍炙人口、广为流传的经典好歌。　乔智《岁月留声》（中共党史出版社 2009 年 10 月第 1 版第 270 页）

②这是在石油大会战时期，由老一辈石油工人培育并留传下来的优良传统。　汪波《大庆精神代代传》（《人民日报》2009 年 9 月 9 日第 15 版）

错例：

数日前，山塘街附近的一座百年老宅院内，一家姓芮的主人在清理旧物时，从一张破旧的橱柜内发现了三张祖辈流传下来的房契凭证，其中年代最早的一张落款上写的是光绪二年十月（1877年）。

辨析：

“留传”与“流传”读音相同，词义相近但又有差别。“留传”指遗留下来传给后代，“留”在这里是“遗留”的意思。“流传”则指传下来或传播开（多指作品、事迹、故事等），“流”在这里是“传播”的意思。“留传”偏重于遗留，“流传”偏重于传播。

留恋——流连

正例：

①对我而言，互联网是工具，是用完就可以潇洒说再见而不用留恋的那种工具。　宫铃《从台北到北京》（中国友谊出版公司2010年11月版第147页）

②笔者信步其间，不时可见外国游客，也都驻足观赏，流连此处风景。　郑荣来《景山歌如潮》[《人民日报》（海外版）2009年9月26日第07版]

错例：

昔日垃圾遍地、一刮风漫天风沙的永定河大沙坑已被治理成了一个绿树成荫、青草满地、流水潺潺的休闲生态公园；宽广平坦、繁花似锦的滨河世纪广场，令无数游人留恋忘返，但谁又能想到几年前这里还是一个废弃的沙石厂呢？

辨析：

“留恋”指心存依恋而不忍离去，对象通常指故乡、母校、亲人等与自己的经历有过密切关系的人和地方。“流连”指受吸引而不愿意返回，对象仅限于自然景色、名胜佳境等可供游乐观赏的处所、环境。“流连忘返”不能写成“留恋忘返”。

六合——六和

正例：

①在中国，“六合”的含义是“宇宙”。尽管棋盘上仅有“东南西北”，若再加上“天”与“地”，则棋盘就会变得更加宽阔，这就是“六合围棋”的基本理念。　吴清源《六合围棋》（《棋艺》2005年第13期）

②六和塔，自建造之日起，就被赋予了佛学之名。“六和”起源于佛教中的六和敬，即身和同住、语和无诤、意和同悦、戒和同修、利和同均、见和同解。　《到六和塔过大年去!》（《杭州日报》2011年1月28日）

错例：

上市之后，分众传媒表现出了“秦王扫六和”的气势，一举收购了聚众、框架、玺诚等众多竞争对手，在楼宇广告市场一统江湖；……

辨析：

六合：指上下和东西南北四方，泛指天下或宇宙。六和：佛教语。谓身和（共住）、口和（无诤）、意和（同悦）、戒和（同修）、见和（同解）、利和（同均）。

龙头——笼头

正例：

①我说：“自来水龙头一开，水不是哗哗流吗？运河里的水不是哗哗地流吗？”　郭平《流水》（《十月》1993年第2期第204页）

②李洪脸上露出几分喜色，说：你们化肥厂是全市的龙头企业，要为市里其他企业带个好头。　阿宁《天平谣》(《啄木鸟》1999 年第 1 期第 7 页)

③马真的要被别人牵走了，走的那一刻我心里突然有点难过。新的主人给它套紧了笼头，和父亲客套了几句，哼着小曲走了，原本空荡的巷子更加显得落寞了。　马国福《忆马》(《北京晚报》2009 年 10 月 28 日第 44 版)

错例：

李可在自来水笼头上飞快地冲洗着碗筷，很快洗毕。

辨析：

作自来水管的放水活门解释时，写为“龙头”。而“笼头tou”则是用皮条或绳子做成、套在骡马等头上，用来系缰绳的东西。

上海师大语言研究所的张斌教授，有一次读到一篇文章，发现该文作者把“水龙头”错写成了“水笼头”，于是提笔写下一首纠错诗，可供我们参考：“龙头不应作笼头，笼头哪得水长流？倘使笼头能蓄水，沙漠饮马不当愁。”

娄子——漏子

正例：

①除了当编辑，我也客串记者，客串不好，尽捅娄子。李咏《咏远有李》(《北京晚报》2009 年 11 月 5 日第 45 版)

②对于新办法的这些变化，某知名快餐店西安市分店的店长雷鸣在接受记者采访时坦言，目前这家店的发票开具比例仅仅占营业额的 30%左右，“我们店其实很少发生拒开拖欠发票，但商家钻发票漏子的事实在是很普遍。”　罗宇凡、韩晓

东《新办法怎么管发票》(《人民日报》2007年8月23日第08版)

错例：

①刘备说："是啊，即使吕布是所用非人，如果能够做好监控，也不至于出这么大的漏子！"

②他告诫自己，已经闯了祸，可别再捅漏子了。

辨析：

"娄子"指乱子；纠纷；祸事。"漏子"指漏斗或漏洞。"出娄子""惹娄子""捅娄子"，不能写作"出漏子""惹漏子""捅漏子"。

绿茵——绿荫

正例：

①上周，在北京、天津、杭州等地，形式多样的青少年足球活动先后启动，孩子们在春风沐浴之下，嬉戏于绿茵之上，天真、欢快，没有精彩的角逐，没有高难的技艺，有的只是一窝蜂般的争抢和不断的跌倒、爬起、再跌倒、再爬起…… 大昭《听"雷声"更盼"雨点"》(《人民日报》2009年4月29日第11版)

②学校地处汶川县城最繁华地段，绿荫掩盖下中西合璧的橙黄色建筑，美轮美奂的罗马柱、浮雕，成为亮丽的风景。章夫《"做梦也没想到学校这么漂亮"》(《人民日报》2009年8月29日第05版)

错例：

双目失明，同样能在绿荫场上驰骋；连生活自理都十分困难，却是运动场上的骄子。

辨析：

绿茵：绿草地。绿荫：树荫。“绿茵场”指足球场，不能写作“绿荫场”。

螺蛳——螺丝

正例：

①春来了，味蕾复苏了，趁天气晴好出去吃点什么吧？清明前后，让杭州人最惦记的春食，自然少不了有“清明螺，赛肥鹅”之称的螺蛳。　夏海微《寻味杭州　特立独行的螺蛳》（《杭州日报》2009年4月10日第C2版）

②停下手，胭脂用小油葫芦往里面点了几点机油，再紧一紧螺丝。　陈年《胭脂杏》（《小说选刊·精装本》2009年第7期第24页）

错例：

路口有一个大排档，电线杆下面放着几张小桌子，炸带鱼和炒螺丝的香味飘散在夜空中。

辨析：

我们平时经常说的“炒螺 sī”，“sī”应该写作“蛳（sī）”。虽然“丝”和“蛳”读音一样，可“螺丝”和“螺蛳”的意思却大不相同，一个是金属零件，一个是淡水螺的通称。

“吃的是螺蛳，拧的是螺丝。”这两句可以帮我们记忆。

M

漫漫——慢慢

正例：

①此大漠之地，人常以为黄沙漫漫，旱象连连。殊不见，却有一河无首无尾涌出沙中，绿波映天，穿峡而过。　梁衡《红石峡记》（《人民日报》2009 年 9 月 29 日第 20 版）

②各方面都打下基础了，一代代新人慢慢成长起来，国家一定会大有希望。　周英峰《“中国变革”推动了中国发展》[《人民日报》（海外版）2009 年 10 月 1 日第 05 版]

错例：

那几天的夜晚，是令我难挨的慢慢长夜，母亲和父亲不停地商量着，不知道推翻了多少方案，终于达成了一致。

辨析：

漫漫：（时间、路途等）长而无边的样子。慢慢：速度小。一说时间、路途，一说速度。

蔓延——漫延

正例：

①虽然条件艰苦，可灾民们在房梁上点缀了绿叶植物，枝

叶蔓延郁郁葱葱，昭示着对生活的热爱。　孙晶岩《两次地震两重天》(《人民日报》2009年8月31日第20版)

②洪水漫延，抢修基站保障通信是移动人的责任……　《向着幸福湖北奋勇前行》(《湖北日报》2012年11月9日第08版)

③而今，那里却另有一番奇异的景象，广阔的湿地和草原，阻挡着库姆塔格流沙的漫延，成为文化名城敦煌的绿色屏障。　胡杨《西出阳关有绿洲》[《人民日报》(海外版) 2009年1月17日第03版]

错例：

俄克拉荷马州消防局的布赖恩-斯坦纳兰德少校称，最大的一处火灾发生在靠近俄克拉荷马市的穆斯唐市，火势漫延大约1平方英里。

辨析：

“蔓延”中的“蔓”，指的是蔓草——以茎细长而不能直立为特征的野草。所谓“蔓延”，就是像蔓草一样延伸、扩展。“漫”和水有关，本义为大水貌，引申指浸淫、淹没。“漫延”指水向周围扩展。

“蔓延”和“漫延”，一个比之于草，一个比之于水。“蔓延”既可用本义，又可用引申义，如“火势蔓延”；既可用于具体事物，又可用于抽象事物。“漫延”则趋向于专指因水满而向四周扩散。正例③中“流沙的漫延”用的是“漫延”的比喻义，指流沙像水一样无孔不入，迅速渗透。“火势漫延”的用法是错的。

谩骂——漫骂

正例：

①据悉，那不勒斯球迷在比赛中就在看台上举起漫画标

语，讽刺谩骂加利亚尼是“走狗”。　温涛《那不勒斯球迷围攻加利亚尼》（《京华时报》2009年3月25日第031版）

②……周围臭味不断的空气中又增加进了酒臭和汗臭。重重的脚步声和漫骂声不绝于耳。　田雁《一位日本人对美国的百年记忆》（《中华读书报》2009年7月29日第20版）

错例：

男子箍住人质的脖子往马路对面的小区走。过马路时，该男子一边谩骂，一边用菜刀敲打身边的过往车辆，致多辆汽车受损。

辨析：

谩骂：用轻慢、嘲笑的态度骂。漫骂：乱骂。两者骂法有所不同。错例中的男子劫持了人质，一定是穷凶极恶的，而非轻慢、嘲笑的态度，所以应该用义为“乱骂”的“漫骂”。

蒙眬——朦胧

正例：

①队员们拼命睁开睡意蒙眬的双眼，穿衣服、打背包、背上净重21公斤的弹药箱，三步并作两步跑到集结地。　徐友金、严珊、陈冰、王超《中国特警魔鬼训练挑战极限》（《华南新闻》2006年11月2日第02版）

②放学了，在朦胧的夜色中，她送走最后一个孩子和他的家长，然后坐在教室的课桌前和我谈起来——　贾宏图《明月几时有》（《当代》1987年第1期第149页）

错例：

①女儿睡眼朦胧地说：“布娃娃是我的孩子，我要好好地照顾她。”

②我又是醉，又是累，歪在沙发上睡着了，意识稍一蒙胧，我就掉进了噩梦里。

辨析：

“蒙眬”是指眼睛看东西模糊。因此，表示“视物不清”一类的意思，应当写成“蒙眬”。“朦胧”是指客观景物、语意，或者人的主观意识模糊、不清楚。因此，说到暮色、月色等客观景物模糊，话语表达的意思不清晰以及主观意识不清楚的时候，都要用“朦胧”。

有两句话能帮助我们区别这两个词，可以作为参考：月色朦胧又迷蒙，睡眼蒙眬梦游中。

眯眼——迷眼

正例：

①春天去净月潭，别有一番情趣。市区里虽然已有一番绿意，可春风刮得人直眯眼，吹到身上都是尘土。 孙亦男《净月潭的四季》（《作文与考试·读写画刊》2011年第6期）

②每一名党员领导干部都要像郑培民同志那样，正确对待个人利益，始终做到“灯红酒绿不迷眼，不义之财不伸手”…… 许云昭《做官先做人 万事民为先——深切缅怀郑培民同志》（《湖南日报》2012年3月11日第11版）

错例：

“乱花眯眼”“群莺乱舞”，许多人的感觉是这花“乱开”莺“乱舞”恰是春之魅力，圣桑却痛感“礼崩乐坏怎一个乱字了得”！

辨析：

眯（mī）：眼皮微微合上。又读mí，指尘埃等杂物进入眼中，使一时不能睁开看东西。迷眼：①尘土飞扬或强光照射，使眼睛睁不开。②使陶醉入迷。③比喻失去判断是非的能力。

面世——面市

正例：

①这部倾注着多少人感情和心智的巨著，在新中国 60 华诞的喜庆之期，终于辉煌面世。　苗春《尽展大地芳华》[《人民日报》(海外版) 2009 年 9 月 21 日第 07 版]

②……朝阳区项目以公寓等高档项目为主，比如位于四方桥东南角的北京华侨城二期景观板楼近期即将面市。　赵丽萍《下半年京城新盘供应量放缓》(《京华时报》2007 年 7 月 27 日第 103 版)

错例：

……但韩寒这几年每年都有新作面市，且每本销量都在 60、70 万册之间，因此市场相对稳定。

辨析：

面市：走向市场，指商品上市。面世：与世人见面，问世，多用于精神产品和科技产品。

末子——沫子

正例：

①从此后，她只能在里侧糊窗缝了。糊窗缝对她来说是件美好的事情，打糨子，裁纸，捏几支蜡花，插在两层窗中央的锯末子上，那里也就成了一个小小的梅园。　迟子建《黄鸡白酒》(《收获》2011 年第 3 期)

②巫雨倒地的身躯以一种奇怪的角度扭曲着，好像听不见桔年的话，几秒钟后，他开始抽搐、痉挛，嘴角有带血的沫子。　辛夷坞《许我向你看》（河南文艺出版社 2008 年 12 月版第 120 页）

错例：

所谓煤渣子，是廉价的煤沫子加水制成煤泥，然后晒干而成。

辨析：

液体形成的许多小泡称为“沫”，也可以称“泡沫”。极细小的颗粒、细屑称为“末”，可以说“粉末”“锯末”等。“煤末子”不能写成“煤沫子”。“末子”是固体，“沫子”是液体。

脉脉——默默

正例：

①他们脉脉含情，彼此注视。他们紧紧地拥抱在一起，品味着前所未有的爱的滋味。　美约翰·格雷《男人来自火星女人来自金星》（《江南时报》2006 年 8 月 17 日第 23 版）

②每次在银行外面的机器前取款时，总看到有保安在旁边默默执勤，尽职尽责地保护客户。　为力《台湾你一定要去》（中国友谊出版公司 2012 年 1 月第 1 版第 262 页）

错例：

①此时静静的卧室里只有我们两个人，我含情默默地望着男友，心怦怦直跳。

②本周上档新片《美丽上海》讲述了一个温情默默的上海人家的故事。

辨析：

脉脉：形容词，默默地用眼神或行动表达情意的样子。常用短语有：脉脉含情；含情脉脉；温情脉脉。默默：副词，不说话；不出声。常用短语有：默默无言。

N

哪里——那里

正例：

①管小丽从小就脑子灵、小嘴甜、八面乖巧、漂亮干净、到哪里都人见人爱。　须一瓜《义薄云天》（《小说月报》2010年第11期第66页）

②襄樊时期的来往最密的好友是江执柄（江啸平），当时他在师范学校当教务主任，我就住在他那里。　光未然《奔赴延安》（《中国作家》2001年第7期第97页）

错例：

①她有很好的家教，优越的自然条件，无论走到那里，都是排在最前边的。

②没想到条件不硬，哈尔滨没去成被打发到黑河去了，干事的爱人那里肯依，闹了个天翻地覆，领导出面做了工作，才答应跟干事回山东。

辨析：

"那里"是表示远指的指示代词，指示的地点明确。"哪里"是表示地点不明确的疑问代词；有时泛指任何处所；也用于反问，表示否定。

齉齉——囔囔

正例：

①大雄眼圈有点红，鼻子齉齉的，又说："当年，你单枪匹马为哥们儿报仇，圈儿里都说你义气，说大海一帮兄弟，就这个有魄儿！弄得我们一帮人灰讪讪的……"　杨中华《渡口》（《北方文学》2012 年第 2 期）

②不知怎么的，温定海的嘴嘟嘟囔囔自言自语起来，他也不知道自己在向谁诉说，向谁辩解。　龚鹏建《癌患者》（《短篇小说·原创版》2012 年第 2 期）

错例：

①老沈感冒了，鼻子囔囔的。

②郭四书吸了下鼻涕，声音囔囔地问：听说学文过年要回来办事？

辨析：

齉（nàng）齉：鼻腔阻塞，说话时鼻音重。囔囔（nāng nang）：小声说话。

年青——年轻

正例：

①中国人有很多很好的传统，比如节水、节约粮食，老一辈的好传统好习惯，需要年青一代继续发扬光大。　《邓亚萍称其婆婆妈妈会节水》（《京华时报》2009 年 9 月 16 日第 010 版）

②旁人也不便多问，只夸赞女主人年轻漂亮，把老武整治得多么有条理、有活力。　徐虹《逃亡者 2》（《小说月报》

2011 年第 10 期第 73 页）

错例：

在岗位推介方面，该局把排查出的 894 个就业岗位分成区内的公益性岗位和区外的企业岗位两大类，131 个公益性岗位主要用于安置就业困难群体，713 个企业岗位主要推介给年青力壮的社区居民。

辨析：

“年轻”跟“年青”时常通用，但是，两者在语意侧重点上有所不同。“年轻”是说年龄不大，因此应当说老李比老王“年轻”。“年青”指处在青少年时期，强调年龄正是青年时代，因此说有青春的朝气、有活力，要用“年青”。“他有一颗年 qīng 的心”，是说某人有青春的朝气，有活力，因此要用“年青”。

念央——念秧

正例：

①“你，你胡说什么，什么下毒，老子有什么不敢进去的，老子是文明人，最讨厌打架斗殴的。”方二色厉内荏地说着，脚步不情愿地往前蹭。“行了，别念央了，今天肯定不打你。”肖扬淡然说着，心里想，是不打你，但会吓死你！ 小刀锋利《重生之商途》（800 小说下载网）

②北途念秧——滑：“念秧”是北方的土语，指先用言辞搭讪，使受害对象被迷惑，然后设局诈骗。通常是结帮成伙。这种诈骗手段在今天的社会已经司空见惯。 《南京流氓：恶》（《江南时报》2007 年 1 月 4 日第 24 版）

错例：

偏巧凑来看热闹的人里边有几个人认识徐焕章，早恨得牙痒痒而找不着办法报复他，一见这机会，可就拾起北京人敲缸沿的本事，一递一句，不高不低在一边念秧。

辨析：

从侧面含蓄地说出自己的意见，让对方领悟，称为“念央”或“念央子”。“央”有央求、央告之义。“念秧”意为布下圈套骗取别人的财物。

O

偶合——耦合

正例：

①午夜时分，走廊里“快去找骨科医生!”的一阵急促呼叫惊动了沉思中的胡均川，他脑中灵光一闪，从医生接骨想到软件嵌入，两者之间的某种偶合，让他豁然开朗。　陈德潮、曹金平、刘剑《水下战场的开路先锋》(《光明日报》2007 年 11 月 28 日第 01 版)

②周鹤良：用同步发电机发电是目前较普遍的发电方式之一，特别是变频器的广泛使用，解决了风力机转速和电网频率之间的耦合问题。　于洪海《五年内应建立风电技术标准体系》(《中国能源报》2009 年 6 月 29 日第 07 版)

错例：

对这个问题，刘元春认为，应该进行深入的研究，特别是对中国宏观经济与世界经济之间的周期性的偶合现象进行深入研究。

辨析：

偶合：无意中恰巧相合。耦：古指二人并肩耕地。耦合：源自物理学，指两个或两个以上的体系或两种运动形式之间通过各种相互作用而彼此影响以至联合起来的现象，如两个线圈之间的互感是通过磁场的耦合。错例中既然提到了“周期性的”，就应该是“耦合”。

P

排挡——排档

正例：

①说罢，用力一推排挡，双手握住方向盘，向左一拨，随着引擎轻轻的震动声，车子悄然滑过右行道，转向海滨驶去。　王春元《雨滴》（《啄木鸟》1985年第2期第92页）

②问问有经验的食客，椒江的排档哪里最好、最集中？大家都会说出两个地方，一是有名的七号码头，还有就是曾经有名的葭沚排档一条街。　曹赛瑜《大排档：平民夜消费》（《台州晚报》2007年7月13日第11版）

错例：

马力，实在对不住，我只能用摩托车载你，只能请你吃大排挡，我遇到麻烦了。

辨析：

排档（dàng）：某些地区指设在路旁、广场上的售货处。与“排档”相关的是“大排档”，某些地区指集中设在街头路边或一定场所的摊点；特指饮食业大排档，多设在露天临时支起有简易顶盖的棚子内，桌椅简陋，价格便宜。排挡（dǎng）：机动车辆等用来调节运行速度及倒车的装置，简称挡。如：“二挡”“空挡”“挂挡”“倒挡”。

我们可以通过辨析部首来区分并正确使用这两个词：开车挂挡要用手，所以“排挡”就用“挡”；支起棚子要用木头，所以“排档”就用“档”。

抛撒——抛洒

正例：

①红玫瑰花瓣抛撒我的头顶　乌斯满江·萨乌啼（《民族文学》2011 年第 9 期标题）

②为了一个共同的革命目标，我们集合在军旗下，聚首在南中国海的海防要地，奉献智慧，抛洒汗水，倾注心血。　肖民生《西沙感动》（《军事文摘》2011 年第 11 期）

错例：

她哭着，闹着，在地下滚着，把银元抛洒一地，激愤地嚷：“你们，是要把女儿当东西卖呀！”

辨析：

“抛撒”的对象为固体；“抛洒”的对象为液体。

配制——配置

正例：

①任建新和伙伴们连夜开工，将专门为这次业务配制的清洗液注入锅炉后，看着它循环往复地转。　李玫忆《从“游击队”到“中央军”》（《环球人物》2007 年 9 月 1 日第 37 期）

②江南水乡民居，黑瓦，灰砖，白墙，色彩配置素雅和谐，与周围环境绝无不调和之处。　何雁《贝聿铭：寻找民族化之路》[《人民日报》（海外版）2009 年 9 月 25 日第 07 版]

错例：

在配置溶液时要考虑时间，高锰酸钾放出氧的速度慢，浸泡时间一定要达到 5 分钟才能杀死细菌。

辨析：

配制：把两种以上的原料按一定的比例和方法合在一起制造；为配合主体而制作（陪衬事物）。配置：配备布置。

漂游——飘游

正例：

①我到过九寨沟，那微尘不染、光清影透的溪水中，漂游着洁白的小鱼。　许柏林《水至浑也无鱼》（《人民日报》2009 年 9 月 14 日第 19 版）

②大地回春，鲜花开放，很多人出去踏青、赏花。然而在鲜花盛开之时，我们生存的环境中也多了一种有机尘粒——花粉，它随风飘游，浮悬于空气中。　张春玲《春花怒放防过敏》（人民网 2008 年 4 月 10 日）

错例：

各种颜色的海蜇像降落伞似的，在蔚蓝的大海中飘游着。

辨析：

漂游：轻缓地漂动。飘游：轻缓地飘动。“漂游”跟水有关，是在水中动；“飘游”跟风有关，是在空中飘动。

Q

期间——其间

正例：

①李家强要求《政府工作报告》继续由马道远牵头负责，另起炉灶，按照刘市长的要求重新起草，总结时既要有当年工作，更要有“十五”期间工作，部署工作既要有明年工作安排，更要有“十一五”期间目标任务。　王清平《天下秘书》（《啄木鸟》2009 年第 11 期第 10 页）

②当然，社会的进步并非一帆风顺，其间也经历波折与反复，但正如新加坡学者马凯硕所说，中国社会具有快速恢复的能力，过去 60 年的发展已十分清楚地说明了这一点。　陈俊侠《令国人自豪的“了不起”》（《国际金融报》2009 年 9 月 29 日第 02 版）

错例：

①我注意到他在北京其间留下了许多故事，显得怪异不已。

②我曾经当过 5 年北京作协的合同制专业作家，在北京作协领过 5 年工资。期间，写不写东西每个月都有工资收入，反倒是我文学创作的最低谷，几乎没有像样的作品问世。

辨析：

“期间”是指“某段时间内”。“其间”是“其中”“那中间”的意思。“其间”可用于指时间、空间及其他方面。

从用法上说，“其间”前面不能加修饰语，而“期间”前面必须加表示时段的修饰语。例如可以说“这期间”，不能说“这其间”；可以说“在部队工作期间”，不能说“在部队工作其间”；可以说“他插队三年，其间到水库工地劳动了半年”，不能说“他插队三年，期间到水库工地劳动了半年”。

启示——启事

正例：

①从历史的财富中寻找源头，从社会的进步中汲取力量，从一代又一代人的奋斗中获得启示。　白瀛《鸿篇巨制　壮丽史诗》（《人民日报》2009 年 9 月 30 日第 15 版）

②李好在 QQ 上，给老人专门发了个寻猫启事，像通缉在逃犯罪嫌疑人一样详细地描述了猫猫的毛色长相等特征，还留下了老人家的联系电话。　黎明辉《好警察的 QQ》（《啄木鸟》2009 年第 11 期第 127 页）

错例：

①答案是五花八门的，有社区贴出的养生保健讲座的通知，有公安局张贴的通缉犯人的通告，有寻人寻物的启示，还有管道疏通、开锁服务、免费试药、制作证章、推销净水器或是节电器的小广告。

②郑凡打赌后在网上看到了 K 城文化局艺术研究所正在公开招聘的启示，于是连夜爬上火车直奔 K 城，笔试、面试一路过关斩将。

辨析：

“启示”和“启事”词性、词义均不相同。启示：动词，启发指示，使有所领悟。启事：名词，为了说明某事而通过新闻媒介或其他形式登出的文字。

启用——起用

正例：

①2009年3月，图书馆正式启用。　洪辰、柯枫《虬江弯弯处　扬帆出海时》[《人民日报》(海外版) 2009年9月30日第07版]

②前天有消息称2010年春晚的变化不会小，节目形式和主持人阵容都会有变，不排除起用新人。　易东方《春晚总导演将开始招标》(《京华时报》2009年8月10日第034版)

错例：

康熙六十年(1721年)，黄河决口。康熙帝想起了当年赈灾的陈鹏年，第三次启用他，让他去治河，不久任河道总督。

辨析：

“启用”和“起用”用法不同，所用范围也不一样。“起用”是重新任用已退职或免职的官员，而“启用”是开始使用；“起用”只能用于人，而“启用”的对象通常是物。

起义——起意

正例：

①从百色起义开始，经历了人民军队成长壮大漫长过程的邓小平，对军队的革命化建设、尤其是对党对军队绝对领导这

一根本原则，有着非同寻常的感受。　贾永、曹智、李宣良《建设与国家安全和发展利益相适应的强大人民军队》（《人民日报》2009年9月30日第09版）

②三姨叹息一声说：“……为人办事，应到哪儿，就得办到哪儿，哪能见财起意，半道变桃子。”　孙春平《二舅二舅你是谁》（《小说月报》2010年第4期第31页）

错例：

当晚，杨广荣见色起义，对小丽耍流氓不成，便言语威胁其在杨广荣与覃丸两人之间，作出抉择，挑个交男女朋友。

辨析：

起义：为了反抗反动统治而发动武装革命；背叛所属的集团，投到正义的方面。起意：产生某种念头（多指坏的）。

芊芊——纤纤

正例：

①花花草草，姹紫嫣红，芊芊绵绵，淹没了来的路、去的路。稍有不慎，就会深陷温柔之中，不能自拔，就会迷倒或走失。　谢正龙《消失的村庄（外二章）》（《诗潮》2011年第8期）

②从此，每当宾客满座后，黄美清纤纤玉手拿着麦克风，将如烟如雾的披肩发猛地一甩，餐厅里便顿时爆开了一朵美丽的莲花。　孙纯福《放纵的代价》（《啄木鸟》1999年第4期第59页）

错例：

女人很漂亮，三十好几的人了，依然是轻盈身材，水嫩脸蛋，芊芊玉手。

辨析：

芊（qiān）芊：草木茂盛。纤（xiān）纤：形容细长。

墙角——墙脚

正例：

①柳絮匆匆赶到大队部，满脸青肿失魂落魄的柳北斗像见了救星，噌地从墙角站起身，柳絮，我是冤枉的啊。　胡学文《柳絮》（《北京文学·中篇小说月报》2009年第11期第36页）

②女同志抬起头来，嚷道："……告诉你们，集训可以，调走可不行，你们可别见一个爱一个，专挖人墙脚！钓人家塘里的大鱼哟！"　朱启渝《沟》（《清明》1981年第4期第105页）

错例：

金三顺在旁边煽风点火："老王你这就不对了，你当媒人我不反对，可你不能挖我们刑警队的墙角儿啊……"

辨析：

墙脚：墙根，比喻基础。墙角：一座建筑物两堵墙接合而形成的角。挖墙脚：也说"拆墙脚"，它指的是拆除建筑物的墙体的基础，而不是墙体的某个角落，比喻拆台。

切记——切忌

正例：

①既是平常事需有平常心，唯一要紧的是读书时要提起那一点灵性。而灵性对任何人而言都不缺乏，只是需要自己去开掘发现而已。切记莫傻读，那会越读越傻，还不如不读。　吴欢《傻读书不如不读》（《京华时报》2009年2月23日第027版）

②在工作中，挂职干部化解矛盾时必须坚持“实事求是、循序渐进”的原则，切忌“急于求成”，以至于自己陷入矛盾之中而不能自拔。　王琦《11名高校教师挂职南京浦口》（《江南时报》2009年9月29日第03版）

错例：

改良版卤肉饭适合更多人群食用，但切忌不要吃过量。

辨析：

切记：牢牢记住，后一般接否定词。切忌：切实避免或防止。“切忌”本身即为否定的意思，后再加“不”就重复了。

勤王——擒王

正例：

①周幽王为了博得宠妃褒姒的一笑，竟以国家大事为儿戏。在骊山举行夜宴，烽火戏诸侯，当各国诸侯遥见骊山烽火台上火光烛天，以为京都有变乱，即时领兵点将，连夜赶至骊山勤王救国，哪知骊宫楼台上，周幽王却与爱妃夜宴欢乐，一片笙歌之声。　王飞《中国古代“夜宴”悲喜录》（《人民文摘》2006年12月1日第12期）

②傅永紵采取“擒贼先擒王”的策略，将头目逮捕入狱，其余党或跳海自杀，或逃匿远方。因治盗有功，他又被提升到湖州、温州两地掌管粮运和水利。　李洪波《大连淘来十万元圣旨》（《半岛晨报》2009年8月29日第C13版）

错例：

团副是一位面皮白净的年轻中校，殷勤周到地陪同着。韩让他陪他们去天坛，并告诉他：父亲的部队曾在光绪二十六年被调入北京擒王，就驻扎在这里。

辨析：

勤王：君主的统治受到威胁而动摇时，臣子发兵救援。“擒王”只能理解为“捉住君主或首领”。

青史——清史

正例：

①喊声停下来的时候，一个更老的长者站了出来，他胸有成竹地对着黑压压的人群说，孩子们，如果你们想青史留名，那么就与我一起战死沙场。 抗凝《天黑之前回家》（《收获》1998 年第 2 期第 100 页）

②而这段两岸出版界的“佳话”，是由清史专家阎崇年促成的。 朱玲《失散古籍终“团圆”》［《人民日报》（海外版）2009 年 9 月 7 日第 03 版］

错例：

之所以有的人能清史留名，成为人们传颂的佳话；有的人却遗臭万年，留下了一世的骂名，关键还在于一个人或官员是不是能守得住自己的“生活细节”，……

辨析：

青史：史书。常用短语有：青史留名；永垂青史。清史：清朝的历史。常用短语有：研究清史；清史专家。

情节——情结

正例：

①那些言情连续剧，让她看得津津有味，每一个情节，每一个人物，都会让她感慨半天。 王大进《漂亮的疤痕》（《小

说选刊》2009 年第 3 期第 147 页）

②有一刹那，小磊很想问一问曾是美国麻省理工学院著名教授的罗叔叔，去国近五十年了，为什么还放不下这一段故乡情结？ 王泽群《桥牌六君子》（《十月》2001 年第 3 期第 34 页）

错例：

院长刘桂成认为：“剧本的选材，剧本的题旨、意蕴，剧本创造的人物性格和故事情结，剧本的道白、唱词的文学性、哲理性、韵律感，这是决定一个剧目艺术质量优劣的前提。”

辨析：

“情节”是指故事的发生、演变和经过，多用在事物上。“情结”是指内心的情感纠葛，一般用在人上。

情义——情谊——情意

正例：

①“我之所以没有把过去照片及时拆下来，是想诚实地告诉你，我有过前妻，我是个有情义的人。”东宇这样开头，苏怀点了点头，但是不知道怎么回应他。 罗西《情感洁癖，让她“戒了男人”》（《女人街》2008 年第 6 期）

②听完郭德贤的叙述，我饱含着热泪，紧握着她的双手，与她紧紧拥抱。从此我们以姊妹相待，互相关怀。我也更深深感念着党的关怀和同志的情谊。 肖鸣锵《情谊永不忘》（《晚霞》2011 年第 17 期）

③在通讯如此便捷的今天，我们往往会选择电话、短信或者网络等各种即时通讯，有谁还会想到为自己的孩子写一封情意绵绵的家书呢？ 于文慧《读一封情意绵绵的家书》（《出版广角》2011 年第 2 期）

错例：

①这时魏凤春仍在梦中，梦见陈刚忽然衣锦荣归，见到她喜笑颜开，百般温存，情义缠绵……

②古长风打断她的话："姐，你别说了，说多了，姐弟情谊就没了。"

③后来知青纷然抽调回城，阿里的母亲也调进了工厂。但她是一个有情有意的人，并没有因回城而抛弃乡下丈夫。

辨析：

"情义"多指亲属、同志、朋友之间的感情，例如：姐姐待他很有情义。我们常说的"有情有义""无情无义"是把"情义"拆开来使用。"情义"所指的范围多限定在有一定感情基础的人之间，一般不用于单位和单位、国家和国家之间。

"情意"指对人的感情。它所指的范围要比"情义"大，既可以指人与人之间有很深的感情，例如"情意绵绵"，还可指人对国家的感情，例如：这是多么深厚的爱国情意呀！"情意"还可以表示"情分"，例如：礼物不多，但也是一点情意。"情意"也可以拆开来使用，如：情深意长。

"情谊"多指人与人、国与国之间相互关切、爱护、照顾、帮助的感情，彼此之间不一定非要认识。例如：他给灾区人民寄去 200 元钱，以表示自己对灾区人民的情谊。同时，"情谊"也可以表示彼此之间有很深的感情，例如：这比山还高比海还深的情谊我们怎能忘怀？"情谊"也可以拆开来使用，如深情厚谊。

比较而言，"情义"使用的范围最小，"情意"和"情谊"一般可以互换，只是"情谊"的使用范围要比"情意"大。

权力——权利

正例：

①阿丑继续说道："第三，我们还应该正视权力对于老板的负面作用。有一句名言是这样说的：'权力使人腐败，绝对的权力使人绝对地腐败。'我们应该学习如何正确地反制权力的黑暗一面，这也是为了对自己或公司的前途负责。" 成君忆《水煮三国》（中信出版社 2008 年第 2 版第 162 页）

②美国哈佛公共卫生学院的墙壁上有一句话：追求更高水准的健康，是每个人的基本权利。 《未来的杭州会更健康》（《健康时报》2009 年 9 月 28 日第 03 版）

错例：

①你现在的生命是党又一次给你的，你没有权利随意抛弃。

②究竟他们为什么要来救她？她与他们有什么相干，他们有什么权利干涉她的生与死?!

③且不说超市有无权利暂扣身份证，也先不说超市的行为是否违法，就事论事，这位顾客对超市的印象自然打了折扣，他觉得超市缺乏对他的信任。

辨析：

权力：一指政治上的强制力量；二指职责范围内的支配力量。权利：公民或法人依法行使的权力和享受的利益。从错例说的意思看，说的是前者，所以要用"权力"。

R

认命——任命

正例：

①回到那个寒冷的家，她决定认命，抚养孩子，种田苦守，等待那个令她失望的男人。　杨文学《大转移》（《中国作家·纪实》2010 年第 6 期第 111 页）

②有人说："组织的任命在纸上，人民的任命在心上。只有珍视'心上的任命'，才会不辜负组织和人民的信任。"此话浅显易懂，内涵深刻。　向贤彪《珍视"心上的任命"》（《江西日报》2012 年 1 月 30 日第 B3 版）

错例：

只要保证了前条，自已有了票拟奏折的权力，然后皇帝用不着看，盖章就行，那么还不是自己想认命谁就是谁。

辨析：

认命：承认不幸的遭遇是命中注定的（迷信）。任命：下命令任用。如：任命干部；任命官员。

溶化——熔化——融化

正例：

①除脂美容：青春痘患者夜晚临睡前用食盐约 20 克置于

热水里，待溶化后趁热洗面，不仅能清除面部油脂，使痘痘逐渐消散，还可防止感染发炎。　尹振兴《盐护嗓止血解毒》（《生命时报》2009 年 9 月 22 日第 04 版）

②和其他物质不同的是，水对黄金没有渗透性，烈火可以把黄金熔化，但不能对其造成损害。　拉瑞《黄金理财面面观》（《国际金融报》2009 年 7 月 24 日第 06 版）

③那是一个冷峭的午后，雪在阳光下融化，飘闪着慵懒的雾气。　袁亚鸣《泄密》（《小说月报》2011 年第 12 期第 40 页）

④“上不告父母，下不传妻儿”，这信条从他当机要员的第一天起，就融化进他的血液中了。　毕淑敏《阿里》（江西教育出版社 2010 年第 1 版第 144 页）

错例：

她曾是一名小学音乐教师，靠着勤奋自学，用艺术的形式熔化一颗颗冰冷的心。

辨析：

溶化：固体溶解（于液体）。熔化：固体加热到一定温度变为液体。融化：因天气转暖，冰、雪等变成水。错例中用的是比喻的手法，以爱心来温暖冰冷的心，就像暖阳使冰雪消融一样，所以应该用“融化”。

溶入——融入

正例：

①要想使粥黏稠，就必须尽可能让米中淀粉溶入汤中，而要做到这一点，就应该加速米粒与锅壁和水间的摩擦，因此，必须开水下米，以使粥锅内水保持沸腾。　冷中华《怎样熬粥才能黏稠》（《京华时报》2009 年 3 月 23 日第 048 版）

②这份情怀，就是海外侨胞对中国的那份热爱和深情。这种情怀，令人无法忘记，无法割舍；它具体而鲜活，在血脉里，在梦乡里，早已融入他们生活的方方面面。 聂传清《无法割舍　无法分离》[《人民日报》（海外版）2009年9月28日第04版]

错例：

在社区就业服务方面，专门针对残疾人组织就业培训和就业招聘会，帮助他们溶入社会；针对大龄失业居民的个人条件，在保安、门卫、超市、家政等技能要求不高的岗位上解决就业需求。

辨析：

溶：在水或其他液体中化开。融：融合。错例中是说与社会相融合，所以用“融入”比较合适。

嚅动——蠕动

正例：

①我说，我说……女人的嘴唇无声地嚅动着……　毕淑敏《红处方》

②刘进突然觉得眼花，眼前许多东西乱麻麻动起来，仔细看，竟是一片白花花的小虫在蠕动。　夏天敏《边地往事》（《小说月报》2009年第11期第35页）

③北京友谊医院营养科华鑫介绍，空心菜中含有大量的纤维素和半纤维素、胶浆、果胶等食用纤维素，可以促进胃肠蠕动，有利于食物的消化，对于便秘者来说，可以有效通便。刘永晓《空心菜可缓解便秘》（《健康时报》2009年9月3日第23版）

错例：

那傻大黑粗的丈夫，忙得满头大汗，坐在一旁，微微地喘息着，如醉如痴地看着妻子蠕动着小小的嘴巴，唉声叹气地把他带来的那一网兜东西，渐渐地消灭下去。

辨析：

嚅：形声字，从口需声。《正字通·口部》："嚅，嗫嚅，欲言复缩也。"嚅动：想要说话而嘴唇微动。蠕：形声字，从虫需声。《类篇·准韵》："蠕，虫行貌。"蠕动：像蚯蚓爬行那样动。两者一指人的动作，一指动物的行动。

入世——入市

正例：

①朱光潜先生说过："以出世的态度做人，以入世的态度做事。" 管健《老实人变弱势："羊"文化惹的祸?》（《人民论坛》2009 年第 16 期）

②我忙说："薛总，您不要太难过了，我大哥当不当市长我看无关紧要，现在已经入世了，我想我大哥会成为一个很好的实业家的。" 谈歌《城市传说》（《十月》2002 年第 2 期第 30 页）

③买好股票后，我们就回到了南京，没过几天，上海股票市场开始取消了入市的限制…… 许志林《那年那书那股票》（《江南时报》2009 年 9 月 28 日第 16 版）

错例：

中国入市后在进口车关税已经大幅下降的前提下，进口车的价格仍然居高不下，国内消费者仍旧无法得到应得的实惠，进口豪华车高价格高利润的时代不知何时才能被终结。

辨析：

入世：①投身到社会里。如：刚出校门，入世不深。②加入世界贸易组织的简称。如：入世谈判；入世以来。入市：①古代常在市曹行刑，故称绑赴刑场正法为“入市”。②进入市场或进入股市的简称。

入主——入住——入驻

正例：

①今天 看谁入主白宫 （《城市晚报》2008 年 11 月 5 日标题）

②几十年后看闲书知道，一九二六年八月，鲁迅先生与夫人许广平相携南下，也曾在此入住。 龙一《恭贺新禧》（《小说月报》2011 年第 10 期第 11 页）

③此外，面积约 0.42 平方公里的城市最佳实践区将引进全球顶级创意型企业、工作室入驻，塑造世界水平的文化创意街区。 《上海世博园保留“一轴四馆”》[《人民日报》（海外版）2011 年 3 月 18 日第 05 版]

错例：

①视频：赵本山入主上海西郊宾馆疗养。

②截至 10 月底，该工业园区开工入住企业达 34 家，共完成固定资产投资 5.4 亿元，实现销售收入 45.8 亿元，比去年同期增长 135%。

③走进番禺，我才发现这里聚集了一个庞大的工业集群，那些昔日的小镇早已成为工业区，大量的加工类制造企业成批地入住……

④“最近，小区连续发生贵重物品丢失事件，物管不作

为，业主们苦不堪言，睡前必须检查好门窗，才‘敢’入眠，希望尽快成立业主委员会。”这是入驻南昌较早的一个小区的业主张女士的真实心声。

辨析：

入主：入内主事，多指占据统治地位或成为首脑。入住：进入并住下。入驻：进入并驻扎。主，权力或财物的所有者。入主，谓外族进入中原做统治者，后词义扩大，泛指成为统治者或领导人。住，从人，用于个人或民众的居住行为，如住宿、住宅、住房。“入住”指的是一人或多人的普通居住行为。驻，从马，一般用于军队或机关企事业单位等的派出机构居住并执行职务的行为，如驻军、驻扎、驻地、驻京办事处。“入驻”多是部队或机构等的团体行为。

S

搔痒——瘙痒

正例：

①杨新生在班上电脑的QQ上加王艳艳为好友，开始了聊天。但聊着聊着，杨新生总有一种隔靴搔痒的感觉。　王清平《天下秘书》（《啄木鸟》2009年第11期第12页）

②专家表示："最常用的对症治疗手段就是外用糖皮质激素，它可以有效消除炎症、缓解瘙痒。"　李平《秋季警惕三大过敏性皮肤病》（《江南时报》2009年9月18日第15版）

错例：

近几年来，一进入秋冬季，康女士的小腿就搔痒难忍。

辨析：

皮肤发痒，称为"瘙（sào）痒"。"瘙"，古代指疥疮。"搔"，用指甲挠。

杀场——沙场

正例：

①孙局长对她说："这是挨批判哩，杀场斩窦娥，还要你蔡婆婆撵着送饭哩。"　三晋《杀场斩窦娥》（《市场报》2007

年 5 月 23 日第 29 版）

②同年 10 月，工农革命军在石门受挫，贺锦斋等重要骨干战死沙场，贺龙率部退到桑鹤边界休整，处境十分艰难。《人民英模·贺英》（《人民日报》2009 年 9 月 24 日第 03 版）

错例：

更何况，随囊瓦出师的沈尹戌，久经杀场，足智多谋，更使楚军如虎添翼。

辨析：

杀场：旧指处决犯人的地方。沙场：广阔的沙地，古代多指战场，如：沙场秋点兵；久经沙场。

上风——上峰

正例：

①孟繁从不指望能在口舌上占这个师弟的上风，只好置“君子动口不动手”于不顾，直接把手上的一本杂志朝二师弟身上砸去。 阿袁《鱼肠剑》（《小说月报》2010 年第 1 期第 69 页）

②吴文龙没有按照上峰命令进行抵抗，在解放军到来前夕带着他的队伍迅速撤离县城一带，屯兵于他当年聚众为匪的本县西北部山地老巢，据险把守，坐以观变。 杨少衡《昨日的枪声》（《北京文学·中篇小说月报》2009 年第 11 期第 5 页）

错例：

平日里雪楠是比较自尊的，听不大进别人的话，可是在爱情方面真是没有多少成功的经验，讨论起这方面的问题，茶茶就明显占了上峰，自己是没有更多的发言权……

辨析：

“上风”和“上峰”词义迥异。上风：指风刮来的那一方，比喻作战或比赛中所处的有利地位。如：上风上水；处于上风；占上风。上峰：旧时指上级长官。“占上峰”显然不对，应为“占上风”。

上供——上贡

正例：

①八月十五祠堂里要上供，她得过了节才能过去。　杨绛《鬼》（《收获》1981 年第 4 期第 137 页）

②……早在唐代中叶，黎族妇女织成的龙被，就被列为上贡朝廷的珍品，据说，中国的纺织之母——黄道婆，其纺织技艺便学自海南黎族织锦。　尹晓宇《黎族织锦有传人》[《人民日报》（海外版）2009 年 2 月 17 日第 07 版]

错例：

真实的情况是，凌透村历年给老张过庙会，虽然原来一直没有庙，但每逢农历六月二十三，都在村大队门前老槐树下为老张烧香上贡。

辨析：

上供：摆上祭祀物品供奉偶像（多指神）。上贡：古代大臣向君主、下官向上官贡献礼品。

身家——身价

正例：

①我如今体弱多病，管不得许多啦，你们要以部落身家性

命为重，不可辱没了祖宗先人。　金光中《雪山作证》（《当代》1987年第1期第64页）

②后来，蜜斯陈认识了一位右手有六个指头身家有几个亿的更加走财运的房地产老板，就把老何当鱿鱼炒掉了。　何立伟《老何的女人》（《大家》1998年第1期第58页）

③甚至在《非常完美》的各种首映活动上，有章子怡这样一位国际明星兼制片人的身份摆在那，她也不甘拜下风，更是借机提升自己身价。　张铂《从〈赵氏孤儿〉风波看范冰冰公关手腕》（《辽沈晚报》2010年3月17日第C1版）

错例：

乡下人一般不肯露富，而林老板不在乎，坦言自己有几百万身价。

辨析：

“身价”的“价”，义为价格、价位，在人身可以买卖的历史阶段，它说的就是卖身钱。现在的“身价”一词，多半是指知名人士的出场费、劳务费、转会费一类价格。“身家”的“家”，本指家庭，所谓“身家”，即本人和家庭的合称。一个家庭，除了家庭成员以外，还应包括财产，所以“身家”也可用来特指家产，人们常说的“身家性命”，意思就是全家的财产和生命。

生员——生源

正例：

①顺治十八年二月初四，众多苏州生员们聚集在苏州府学文庙内，以声泪俱下的“哭庙”行动凝聚成共同的诉求，控诉县令的恶劣行径。　完颜绍元《漫说古代的群体性事件》（《人民论坛》2009年第16期）

②学生失误不起，一失误就是一辈子；学校失误不起，一失误声誉就没了，就会没有理想的生源；他们也失误不起，一世的英名。　祁智《起点》（《十月》2002 年第 2 期第 45 页）

错例：

……高等教育事业发展停止，不少学院生员不足面临财政困难……

辨析：

生员：秀才的别称。常用短语有：考取生员。生源：学生的来源（多就招生而言）。常用短语有：扩大生源；优质生源；生源不足。

圣地——胜地

正例：

①延安是中国革命的圣地，这里孕育了伟大的延安精神。王乐文《共产党员生命不息奋斗不止》（《人民日报》2009 年 9 月 23 日第 11 版）

②大病一场之后，晓红拿着这二十万元，到全国各大旅游胜地转了大半年，花了只剩下一半钱回到家，一咬牙，自己创办起了这个晓红美容美发厅。　肖复兴《春秋》（《啄木鸟》1995 年第 3 期第 52 页）

错例：

与美国夏威夷处在相近纬度，在长达 1528 公里的海岸上遍布可以开发建设成为世界一流旅游圣地的旅游资源，岛上终年气候宜人，四季鸟语花香，矿物、动植物资源丰富，尤其石油与天然气蕴藏量可观。

辨析：

"圣地"有两个意思：一个是指宗教徒所称与宗教创始人有重大关系的地方，如伊斯兰教以麦加为圣地；另一个是指有重大历史意义的地方，如我们称延安为"革命圣地"。"胜地"指著名的风景优美的地方，常用短语有：避暑胜地；度假胜地；旅游胜地。

失言——食言

正例：

①老先生一肚子气回到系上，见了高洋，半天说不出话来，最后不知怎么冒出一句："你这个扶不起的阿斗啊!"立刻又后悔失言。　曹康《看着我的眼睛》（《十月》1995年第2期第211页）

②他答应过袁镇，他不会食言；今天，他又答应了尤天雷，他同样不会食言。　毕淑敏《阿里》（江西教育出版社2010年第1版第152页）

错例：

张峰回答："亲爱的博士，我看我们有的是机会，欢迎你到中国去，届时我亲自到长江捕鱼，保证让你吃得痛快!""OK，一言为定!""决不失言!"

辨析：

失言：本意是不该对某些人说某些话，后来指无意中说了某些不该说的话。如：一时失言、后悔失言。食言：人们把说话不算数，只图占便宜的行为讽刺为"食言而肥"，"食言"即由此成语缩减而来。"食"是吞没、不履行的意思。四川人有句俗话叫"吐出来的口水又舔回去"，也是这个意思。

从情感色彩来说，“失言”是无意中说出不该说的话，也作“失口”，中性词；“食言”是不履行诺言，失信，贬义词。

师父——师傅

正例：

①阿爸阿妈已经跟寺里讲明天我就得出家，师父是一位很有德行的经师，阿爸好容易才让他答应收我当徒弟。　梅卓《出家人》（《小说月报》2009 年第 11 期第 84 页）

②两人走到街边叫了出租车，詹濛濛吩咐司机：“师傅，带我们去‘蓝色海洋’。”　艾米《想爱就爱》（长江文艺出版社 2012 年 6 月第 1 版第 5 页）

错例：

停下，别把那椅子弄散架了！那可是咱家最后一把像样的椅子，别的那些还得等人家木匠师父回来才能修哩。

辨析：

师傅：①工、商、戏剧等行业中传授技艺的人。②对有技艺的人的尊称。师父：①对师傅①的尊称。②对和尚、尼姑、道士的尊称。在现代汉语中，称呼工、商、戏剧等行业中传授技艺的人，“师傅”和“师父”均可。此时两者的细微差别是：“师傅”是正常的称谓，“师父”则带有尊重的意味。表示对和尚、尼姑、道士的尊称，只能用“师父”。“木匠师傅”中的“师傅”，是对有技艺的人的尊称，不能写作“师父”。

十足——实足

正例：

①又一个买主来了，老板更不拿买主当回事儿，一副神气十足样儿，故伎重演。　马飞《新鲜“1+1”》（《散文选刊·下半月》2009 年第 10 期）

②实足年龄已经 60 岁的欧阳公原可以享受天伦之乐了，可以安度晚年了。　老城《拂去历史的尘封》（《长城》2010 年第 6 期）

错例：

托卡列夫赞扬奥尔森说：“他是一位非常了不起的人物，他拥有物理学和材料学领域的高等学位，他对自己即将要面临的太空飞行信心实足。”

辨析：

十足：①成色纯。如：十足的黄金。②十分充足。如：十足的理由；干劲十足；神气十足；信心十足。实足：属性词，确实足数的。如：实足年龄。

实时——适时

正例：

①前晚，演练开始后，东西两块大屏幕上出现了“国庆阅兵第四次演练 CCTV 信号”的字样，在随后的演练中，两块屏幕进行了实时直播。　肖岳《央视直升机加入演练拍摄》（《京华时报》2009 年 9 月 20 日第 004 版）

②南京市客管处相关负责人表示，出租车只是公共交通的

一个补充，不能一次投放过多。要想彻底解决问题，应当适时适量地投放，形成一套有效的机制。 徐昇《石城打车难，路堵是根源》（《江南时报》2009 年 9 月 18 日第 24 版）

错例：

现在的看守所，整个外围和每个舍房都是在 24 小时的适时监控之中的，这是现代化监狱管理的一大特色。

辨析：

实时：与某事发生、发展过程同时（做某事）。常用短语有：实时监控；实时直播。适时：适合时宜；不太早也不太晚。常用短语有：适时播种；适时收割；适时推出新措施；适时出台水价改革方案。

实验——试验

正例：

①这是一个重大的发现。不过当时属于推论，还未经过实验证明。 潭江《吴健雄："中国的居里夫人"》［《人民日报》（海外版）2009 年 9 月 24 日第 06 版］

②一位美国家庭主妇曾做了这样一个小试验：一年内坚持不买"中国制造"。 李刚、邓圩《中国经济与世界亲密"牵手"》（《人民日报》2009 年 9 月 23 日第 05 版）

错例：

一年下来，七彩甘薯项目从 16 平方米的实验田推广到 48 亩的种植基地，平均每亩收益达 2000 多元，是种植玉米收益的 4 倍多。

辨析：

"实验"中被检验的是某种科学理论或假设，通过实践操作来进行；而“试验”中被检验的是已经存在的事物，是为了察看某事的结果或某物的性能，通过使用、试用来进行。

时世——时势——时事

正例：

①现在又逢艰难时世，如果听任贸易保护主义泛滥，其后果各国将难以预料也承受不起。　龚雯《大国的襟怀与担当》[《人民日报》(海外版) 2009 年 3 月 2 日第 01 版]

②也许很多年以后，郭晶晶会明白，她今天的处境并非自己能够控制，而是时势所迫。　慈鑫《另类郭晶晶》[《人民日报》(海外版) 2009 年 8 月 26 日第 07 版]

③多年的实践让我懂得，倘要画出一幅像样成功的漫画，起码须备四个条件：一、创作激情；二、对新闻时事的敏感性；三、文学艺术和生活知识各方面的修养和积累；四、一定的绘画功夫。　朱根华《自说自“画”》(《新闻战线》2008 年第 8 期)

错例：

党政干部成才必然与时代背景紧密结合，所谓时世造英雄，但英雄应该具有实力，实力被理性欣赏，被民意尊重，给人民的事业以实实在在的支撑。

辨析：

时世：①时代。常用短语有：时世艰难；艰难时世。②当前的社会。时势：某一时期的客观形势。常用短语有：为时势所迫；时势造英雄。时事：最近期间的国内外大事。常用短语有：关心时事；新闻时事；时事报告；时事述评。

时效——实效

正例：

①胡锦涛在匹兹堡峰会上明确提出“要坚定不移地刺激经济增长”，“保持政策导向总体一致性、时效性、前瞻性”。吴绮敏、温宪、马小宁《中国影响　中国责任》（《人民日报》2009年9月26日第02版）

②然而，机会只有被抓住方能产生实效。　杨子岩、杜宇《构建全球气候新秩序》［《人民日报》（海外版）2009年9月26日第08版］

错例：

采访中，劳动和社会保障部的相关人士特别强调，“当然，随后我们的‘劳仲法草案’正在准备审议，而草案中有望把原来60天的诉讼实效，改为2年，这就与《民法通则》接轨并保持了一致。”

辨析：

时效：在一定时间内能起的作用；法律上的有效期限。常用短语有：新闻时效；诉讼时效。实效：实际的效果。常用短语有：讲求实效。

世面——市面

正例：

①闵师傅虽只是个手艺人，但世代与织造局交道，是见过世面的，看上去一点不畏缩，不卑不亢，倒要比上海那些小家子人有度量。　王安忆《天香》（《收获》2011年第1期第121页）

②2008 年 7 月的一天，厂长李宝祥突然接到一个电话，对方声称市面上有人卖乌金纸。　《南京侦破“非遗”技术被盗案》（《京华时报》2009 年 9 月 23 日第 019 版）

错例：

这种热情，让叶春秋又感动，又觉得不舒服。也许自己实在是土鳖，没见过大市面。

辨析：

“世面”是指人世间的各种情况，“市面”则是指城市工商业活动的一般状况。“见世面”，意为在社会上经历各种事情，熟悉各种情况。

事物——事务

正例：

①别看老爷子年纪大，可思想却十分活跃，对许多新鲜事物都感兴趣。　田丽《老年公寓是快乐的家》［《人民日报》（海外版）2009 年 9 月 25 日第 03 版］

②世界经济论坛主席施瓦布说：中国准备在世界事务中发挥更大的作用，中国将不只是为本国人民谋福利，还将为全世界的人民作贡献。　施晓慧、罗春华、吴成良《经济奇迹　世界惊叹》（《人民日报》2009 年 9 月 27 日第 06 版）

错例：

①多数中年人，都感觉到疲劳，其中的原因除了事物繁忙之外，体质下降也是不容忽视的。

②今天早上就要返回立陶宛老家的尤纳斯在机场接受记者采访时表示：“我会在一个月左右的时间处理好个人事物，然后再决定下一步的方向。”

辨析：

事务：所做的或要做的事情，通常指比较具体的事情、事件。常用短语有：事务繁杂；事务工作；事务主义；埋头事务；忙于事务；内部事务。事物：泛指各种物体和现象。常用短语有：小说反映的事物很复杂；新生事物；新鲜事物。

受奖——授奖

正例：

①这样，投递员木祥就立了功，本该受奖，却因为查出值夜期间饮酒，也该受罚，经研究便功过抵消。　徐岩《投递记》（《小说月报》2011 年第 10 期第 91 页）

②慈禧坐在火车上感到一路快速平稳，于是向修建此路的工程师和司机授奖。　沈熙俫《慈禧初乘火车》（《民间故事选刊·秘闻》2011 年第 5 期）

错例：

①“那他是英雄？那他戴过花授过奖？……”刘银凤说。

②他多次立功授奖，在驻地群众中享有很好的声望，1995 年被中国宝玉协会破格吸收为会员。

辨析：

受奖：得到奖励，其反义词是“受罚”。常用短语有：立功受奖。授奖：颁发奖金、奖品或奖状。常用短语有：授奖大会。“受奖”是当事人自己得到奖励，而“授奖”是给获奖人发奖。

受命——授命

正例：

①将军临危受命，出任河西走廊防线副总指挥，负责战备设防工作。　李鸣生《发射将军》（《中国作家·纪实》2010年第6期176页）

②此外，还有，“见利思义，见危授命，久要不忘平生之言，亦可以为成人矣”，以及荀子的“先义而后利者荣，先利而后义者辱”等关于“义与利”的辩论，都成为古代商业活动遵循的无形法则。　孙守纪《古代商贾的道德观》［《人民日报》（海外版）2011年4月28日第05版］

错例：

古海是授命于危难之时。他不但要顶起大盛魁的门面，还要顶起归化通司商会的门面！

辨析：

受命：接受命令或任务。常用短语有：受命办理；受命于危难之时；临危受命。授命：①献出生命。常用短语有：见危授命；临危授命。②下命令（多指某些国家的元首下命令）：总统授命总理组阁。

殊不知——孰不知

正例：

①人们纷纷称赞共产党有先见之明，提前开展对汪精卫卖国阴谋的批判。殊不知，中共早已掌握这份情报，所有的批判都是针锋相对。　郝在今《东方大谍》（《啄木鸟》2009年第

12期第51页）

②这一段话就在《八佾篇第三》之中，大概说他器量狭小，不知节俭，更不知礼，几乎什么都要与诸侯国的君主一样——“邦君树塞门（筑在大门外的矮墙），管氏亦树塞门；邦君为两君之好有反坫（类似茶几的土墩），管氏亦有反坫。管氏而知礼，孰不知礼?” 宋志坚《孔子怎样评说管仲》（《福建日报》2010年4月26日第12版）

错例：

现代人工作繁忙，不少人常常将一个星期的蔬菜买回来放在冰箱里储存，孰不知这样是极其有害的。

辨析：

表示竟不知道应写作“殊不知”。“殊”在这里作副词用，意为竟、还。“孰”的字义是谁、哪个，“孰不知”就是“谁不知道?”。

水力——水利

正例：

①60年代中后期，少数民族地区建立了一些小型电厂，只有县一级的地方才有用煤炭、水力、木材发电的电厂，而且一天只能发几个小时电。 佟静《钻木取火，曾经并不遥远》（《中国能源报》2009年8月31日第07版）

②一些从事过水利、农业等工作的老同志，愉快地追忆起当初工作的情景。 原国锋、杜榕《每个人应倍加珍惜美好生活》（《人民日报》2009年9月25日第03版）

错例：

法案规定，政府每年要为农村每个家庭提供100天的就业机会，工作是非技术性的手工劳动，如修路、架桥、平整土地、开凿运河、兴修水力等农村基础设施建设。

辨析：

水力：海洋、河流、湖泊的水流所产生的做功能力，是自然能源之一，可以用来做发电和转动机器的动力。常用短语有：水力发电。水利：利用水力资源和防止水灾的事业；水利工程。常用短语有：水利工程；水利枢纽；水利设施；兴修水利。

水桶——水筒

正例：

①原来，2008年鄂州市投资3亿元推进城乡供水一体化，全市52万农村人口全部喝上了与城市同质同价的自来水，挑水用的水桶没了“用武之地”。 刘成友、朱磊、曲昌荣《中部：吹响崛起的号》（《人民日报》2009年9月15日第05版）

②记者在镇巴县一处秧田边，看到用“扯水筒”灌溉秧田。 潘渭《古老的“扯水筒”灌溉》（《华商报》2001年6月11日）

错例：

厂方领导任某迅速组织工人用水筒到旁边的大运河中取水从回收布袋箱顶部往内灌水，使用厂内泡沫灭火剂往回收布袋箱内喷洒；同时拨打电话报警。

辨析：

水桶：盛水的器具，一般是长圆形，多有提梁。水筒：引水的竹筒。

顺变——顺便

正例：

①陈三宝赶到指定的地点，那真是长江边的一个山脚，一字排着几顶帐篷，春花通报了，白脸从帐篷中走出来，拍拍三宝的肩膀，说，小伙子，节哀顺变。 余一鸣《入流》（《小说选刊》2011 年第 4 期第 33 页）

②一上课，我满怀感激地当众表扬了那个给我纸巾的女孩，我的目的性很强，首先是为了“尊师”启蒙，让大家学着点，并顺便“求饶”地告诉孩子们自己身体有病未痊愈。 穆慧翔《我们的爱像水晶》（《人民教育》2011 年第 8 期）

错例：

我们把赵烈生前用过的东西一一清理，一一用胶带打包，我们尽量不去触碰那些在一起的日子的所有细节，只是对赵烈的父亲说“节哀顺便”……

辨析：

节：节制。变：事变，变故。节哀顺变：抑制哀伤，顺应变故，是用来慰唁死者家属的话。“节哀顺变”出自《礼记·檀弓下》：“丧礼，哀戚之至也；节哀，顺变也。君子念始之者也。”“顺变”还有“顺应变化”之意。

顺便：做某事的过程中顺带着做另一件事；顺利方便。比如：“人生以服务为目的，赚钱顺便。”江南春说，自己很认可这句话，而这句话次序颠倒过来就不一样了。

说道——说到

正例：

①毛里求斯艺术与文化部部长代表看完表演后说道："本来我计划只看10分钟，但是我被深深地吸引，不知不觉到表演结束，我从没有看到过如此精彩的演出。" 曹鹏程、顾玉清、莽九晨《文化之花 海外绽放》（《人民日报》2009年9月27日第06版）

②说到逝去的亲人，乡亲们悲从中来。 赵承《依依深情系三川》（《人民日报》2009年9月28日第03版）

错例：

"如果信用卡的活动确实优惠，不失为一个省钱的旅行计划。"吴小姐说到。

辨析：

"道"有"说"的意思，"说道"就是"说"，这是一个并列式合成词。相关的还有"谈道、讲道、叫道、喊道、嚷道、问道、答道、写道、唱道、安慰道、感叹道"等组合。在这些组合中，"说"的意思明显趋于弱化。"说到"是一个动补式合成词。"到"表示一种结果，"说到"有"说及"的意思，后面往往是说及的对象或内容，或者用于"某某说到什么时间、地点"的语境中。

饲养——莳养——侍养

正例：

①高鸿宾指出，从千家万户的分散饲养，到标准化规模养

殖，是饲养方式的一场革命性变革。　陈仁泽《肉、蛋涨价不会导致明显通胀》（《人民日报》2009年9月25日第17版）

②几十年来经过广大君子兰爱好者辛勤培育，中国君子兰的发展取得了举世瞩目的辉煌成就，无论是品种的多样性，植株叶片及整体的观赏性，还是莳养培育技术等，发展水平都远远超过国外……　《迎佳节　话“君子”》（《市场报》2008年12月29日第10版）

③由蒋母包办的妻子毛福梅温柔贤良、相夫教子、侍养老人，但是日本留学归来的蒋介石已不是当年那个顽皮少年，而是一个欲干大事业的青年革命党人了。　陈达萌《蒋介石换妻为“革命”：一生两休三娶　随地位不断爬升而换妻》（人民网2011年7月14日）

错例：

二是要创建绿色、洁净、舒适的家居环境。定期整理，勤于动手，达到窗明几净，侍养花草净化环境。

辨析：

饲（sì）养：喂养动物。如：饲养宠物。莳（shì）养：栽种植物等。“侍养”的对象是人。如：侍养老人。

T

坦陈——坦承——坦诚

正例：

①当前，很多人对转基因食品争议较大，袁隆平坦陈自己的看法："转基因食品既需慎重对待，也需科学对待。" 单守庆《袁隆平养生：多吃粮少吃肉》（《晚报文萃》2011年第7期）

②老郭刚才已经坦承，那女人是他从街上找回来的。 王璞《灰房子》（《收获》2011年第2期第100页）

③张森衣着简朴，不显山不露水，乍看似乎是一个沉默寡言之人。但只要你和他一接触，你就会发现他热情似火，他的坦诚和直率，会让你如沐春风。 刘希涛《三名人手书"涛声依旧"》（《上海采风》2011年第7期）

错例：

①揭秘日本传统特色混浴 男女赤条条坦承相见

②长城电脑也坦诚，"双核的认知还需要一个过程，它的稳定性、可靠性还需要时间让消费者接受。与此同时，很多代理商还在清单核的货，虽然厂家大力推广，但是代理商动作迟缓。"

辨析：

坦陈：动词，坦率地说。如：坦陈己见。坦承：动词，坦白地承认。坦诚：形容词，坦率诚恳。常用短语有：坦诚相见；心地坦诚。

坦露——袒露

正例：

①谁？谁能这样为了我豁出去一切坦露心肝？就是你，只有你啊！　肖复兴《长发》（《海峡》1994 年第 4 期第 89 页）

②她头上仍然顶着粗黑发亮的辫子，比起那些长发披肩的女孩，她显得清爽利落，连耳朵都袒露在外。　姚鄂梅《一面是金，一面是铜》（《收获》2010 年第 3 期第 171 页）

错例：

①赵大卫向程丽颖袒露心迹："丽颖，我真想和你一起工作。但是当典型做领导并不是我的追求目标，我的梦想是上大学。咱们一起参加高考吧？"

②那双亮闪闪的眼睛在鼓励着他，那温存的话语在激动着他，他想对她说，想扒开胸膛坦露出那颗忐忑的心。

辨析：

坦露：坦率表露。常用短语有：坦露心肝；坦露心迹；坦露心声；坦露真情。袒露：裸露；显露。常用短语有：后背袒露；袒露胸膛；罪行袒露无遗。

"坦露"是主动行为，"坦露"的往往是内心主观的东西。"袒露"不一定是主动行为，"袒露"的往往是身体的某部位。

有时，人们也用"袒露"来表示"坦率表露"的意思，例如"袒露心声"，但这只是"袒露"的一种比喻性的用法，"袒露"主要的意思是"裸露、露出"。

蹚水——淌水

正例：

①通往龙门山的小渔洞大桥震断了，我们只能蹚水过河。雷楚年《经历磨难　我长大了》（《人民日报》2008 年 6 月 27 日第 06 版）

②我从水中出来，用美人鱼的姿势坐在水池边。我浑身都在淌水，头发在脑后打着绺，因为过分的运动我微微喘着气，我的胸部在起伏，我知道我这个样子非常性感，过去王旌总是这样告诉我。　程青《水中花》（《中国作家》2001 年第 7 期第 131 页）

错例：

浅河上又开来一只小船，我淌着水走过去踏上甲板。

辨析：

蹚：读 tāng，从浅水里走过去，足字旁作义符。淌：读 tǎng，往下流，三点水作义符。

“蹚水过河”不能写作“淌水过河”。

桃园——桃源

正例：

①值得一提的是，他和关羽、张飞在学校西山坡的桃园里结拜成了异姓兄弟，按出生年月排行，刘备是大哥，关羽是二哥，张飞是三弟。　成君忆《水煮三国》（中信出版社 2008 年 10 月第 2 版第 14 页）

②电瓶车七转八转走了十几分钟，一股花香扑鼻而来，紧

接着望见了道旁无数繁茂的杏花，“夹岸数百步，中无杂树，芳华鲜美，落英缤纷”，好像进入了世外桃源。　叶广芩《小放牛》（《小说选刊》2009 年第 10 期第 72 页）

错例：

陈嵩颇为自得地微微一笑：“本人是天马行空，独来独往，生性又爱图个清静，找了块世外桃园。”

辨析：

桃园：桃树园。如：桃园三结义。桃源：“桃花源”的省称。东晋陶渊明的《桃花源记》描述了一个与世隔绝、没有遭到祸乱的美好地方。人们由此用“桃源”来比喻理想中环境幽静、不受外界影响、生活安逸的地方。常用短语：世外桃源。

提词——题词

正例：

①刘琼因拍戏忙，没有时间背台词，台词有点生，要我在后面提词。　顾也鲁、黄一庆《说说我的“老大哥”刘琼》（《上海采风》2011 年第 6 期）

②在喝牛奶的时候，罗本注意到墙上有一幅书坛前辈萧娴的题词，写着“卫管重来”四个字，写得酣畅淋漓。　叶兆言《玫瑰的岁月》（《小说月报》2010 年第 11 期第 23 页）

错例：

那次院庆盛况空前，莅临大连舰院的高级将领和省市级领导就有数十人之多。刘华清上将欣然为大连舰院提词：“蓝色道路从这里起航”，对学院办学方向和育人之路予以褒扬。

辨析：

提词：戏剧演出时给演员提示台词。题词：①写一段话表示纪念或勉励。②为表示纪念或勉励而写下来的话。③序文。

提名——题名

正例：

①已经读到大四的邓伯超在 2009 年秋天获得四川电影节大学生板块两项提名，他受邀去成都参加颁奖活动。 王小妮《上课记》（中国华侨出版社 2012 年 2 月第 1 版，《北京青年报》2012 年 5 月 7 日第 C7 版·每日连载）

②正在走投无路之际，母校清华大学同德国学术交换处签订了互派留学生的合同，我喜极欲狂，立即写信报了名，结果被录取。这比考上大学金榜题名的心情，又自不同，别是一番滋味在心头。 季羡林《牛棚杂忆》（中共中央党校出版社 1998 年 4 月版第 237 页）

错例：

冥思苦想多少天，倏忽之间眼前一亮，对，寒窗苦读赴考及第，金榜提名好去做官，做官就能跟阿玛一样成为廷臣不就能出入皇门了！

辨析：

提名："提"指"提出"，"提名"即提出评选或候选的人或事物的名字或名称。题名："题"指"题写"，"题名"指为留念或表彰而写上人或事物的名字。"金榜题名"是对的。

体谅——体量

正例：

①当然，他们的劳苦也需要患者的理解和配合，只有大家

都进行换位思考，体谅对方的处境和难处，才能更融洽地相处。　万阳《用心沟通好看病》(《生命时报》2009年9月18日第15版)

②再比如小小的佛像没有什么，但是无锡造了一个大佛，把它放大一万倍，你头抬起来都看不到顶，是不是感觉不一样了呢？这个词叫体量。　朱旭初《让眼睛变得有教养——朱旭初教授做客干部课堂谈艺术与生活》(《常州日报》2010年8月15日第A2版)

错例：

经验告诉我，做事要有耐性，对不比我小几岁的青春小孩，更应该体量他们的苦衷。

辨析：

体谅：动词，设身处地为人着想，给以谅解。谅：原谅。体量：名词，建筑物的规模；物品所占空间。

添补——填补

正例：

①我们总是热衷于往家园添补东西，却毫无兴趣去清理它，以至于现在我们需要更大的空间和更多存储空间，同时，我们的思想也越来越乱。　田娜《简单的生活》(《国际金融报》2009年3月20日第08版)

②“萨拉乌苏”遗址迄今为止共发现了人类化石、石器化石等文化遗物380多件，还有大量的更新世晚期的哺乳动物及鸟类化石等，填补了我国旧石器时代的空白。　刘功业《秋色金黄》(《十月》2010年第3期第198页)

错例：

可能是这样，可能是那样，人们只能以丰富的想象力来添补这段空白。

辨析：

“填补”与“添补”的区别，在于“填”与“添”的字义区别。填：本义为把凹陷的地方垫平或塞满，土字旁作义符，引申为补足、充满。添：指增加、增添，三点水为义符。也就是说，“添”是不缺而加，“填”是因缺而补。“填补空白”不能写成“添补空白”。

调节——调解

正例：

①人大都有一些爱好，工作之余，把玩自己喜欢的东西，调节一下情绪，转换一下思维方式，这是很正常的。　邓中好《管子的王霸之道》（北京联合出版社 2011 年版第 245 页）

②半年前，我楼下那个身体不算太好，但能说会道的退休干部马大爷被司法所聘为调解员。　张虹《“开心就是工资”》（《生命时报》2010 年 9 月 24 日第 04 版）

错例：

老总不是居委会主任，不是整天忙着调节纠纷的，更不是裁判，裁判谁对谁错的！

辨析：

调节：从数量上或程度上调整，使适合要求。常用短语有：调节情绪；调节气氛。调解：劝说双方消除纠纷。常用短语有：调解纠纷；调解人。

调适——调试

正例：

①对于连轴转出现强迫的人，如果还没有到强迫症的程度，就可以自我调适。《不休不眠使人强迫》（《生命时报》2009年9月15日第07版）

②国庆庆典进入倒计时阶段，位于北京工人体育场的国庆游行彩车村里，工作人员正在对彩车进行维护、美化和调试。朱隽、詹勇、崔寅、尹晓宇《国庆彩车的台前幕后》（《人民日报》2009年9月30日第19版）

错例：

心理学有一种自我调试的方法叫“心理卸妆法”，专家解释就是像女性每晚睡前卸妆一样，把当天的心绪整理一遍。

辨析：

调试：试验并调整（机器、仪器等）。常用短语有：调试设备；调试彩车。调适：调整（关系、心理等）使适应。常用短语有：心理调适；自我调适。

通稿——统稿

正例：

①2011年亮相的《富春山居图合璧壶》得到了中央以及各级领导层的高度评价，并被新华通讯社以通稿的形式被国内外80余家媒体转载报道。陶哲《古意筑新艺 接力有来人》（《江南时报》2011年6月19日第03版）

②编剧一年接很多部戏，实在没有时间深入生活，大家就

坐在一块儿侃，或者由知名作家把一个活儿包下来，再往下分包，最后统稿完事。　苗春《让文艺回归心灵》[《人民日报》(海外版) 2011年7月11日第07版]

错例：

出席新闻发布会，签到、拿统稿、领礼品，愿意听就听会，不愿意听就一走了之，这已经是当今新闻界司空见惯的事情了。

辨析：

通稿：名词，原本是一些新闻通讯社的“专利”。他们在采访到一些重要新闻以后，会以一种统一的稿件方式发给全国的需要稿件的媒体，这种稿件就叫做通稿。后来，很多组织或企业在举办活动需要对外发布新闻的时候，为了统一宣传口径，也会撰写新闻通稿，以提供给需要的新闻媒体。

统稿：动词，编写书籍时，负责人把众多编撰人员收集、整理、撰写的书籍初稿统一编纂在一起的成书过程。

童贞——童真

正例：

①据说灯房女工的童贞是自己的父亲给毁掉的，事情真是糟糕得让人不敢想象。　刘庆邦《皮球》(《小说月报》2010年第7期第30页)

②在东京大学就读的龙晓宇回忆那一幕时说：“所有人都深深地被孩子们的笑脸和童真感染了。……”　薛梓《搭建交流之桥》[《人民日报》(海外版) 2009年9月18日第06版]

错例：

100年前，德国哲学诗人荷尔德林已预感到人类必将重返故里，重返童贞。

辨析：

童贞：没有发生过性关系的人所保持的贞操（多指女性）。童真：儿童的天真稚气。

屯聚——囤聚

正例：

①轻卡厂家重兵屯聚白云山下，自然有其道理。　龙原、贺江华《轻卡屯聚白云山脚》（金羊网 2002 年 6 月 26 日）

②元末明初，屯溪率口的大徽商程维宗在屯溪老街盖起了 47 间店房，除部分自营业外，其余作为客栈，招徕客商，囤聚货物，促进了徽州山区与外界的物资交流。　方利山《屯溪老街——活动着的清明上河图》（《百科知识》2011 年第 17 期）

错例：

重兵囤聚

辨析：

屯聚：聚集（人马等）。如：屯聚重兵。囤聚：储存聚集（货物）。如：囤聚木材。

推见——推荐

正例：

①由此可以推见，经过一番摸底与探索后，美伊两国举行直接接触或谈判的可能性在增加。　李学江《美伊：开谈有望　成果难期》（《国际金融报》2009 年 2 月 13 日第 02 版）

②胜利在望之际，毛泽东向全党推荐郭沫若所著《甲申三百年祭》，要大家看农民起义领袖李自成是如何因骄致败的。叶小文《热烈庆典前的冷静思考》[《人民日报》(海外版) 2009年9月19日第01版]

错例：

很高兴能在这自我推见一下，希望各位朋友们用心去预览。

辨析：

推见：推想出。如：由生活琐事推见其为人。推荐：把好的人或事物向人或组织介绍，希望任用或接受。如：推荐人才；推荐作品。

推脱——推托

正例：

①事实上，"穿错衣"与"临时工"是异曲同工。其目的，都是想为部门谋利；其本质，都暴露了公权怕担责任推脱责任的行径；其适用主体，都为非正式人员；其手段，都是让临时工出面做替罪羊。 毛建国《"穿错衣"与"临时工"异曲同工》(《京华时报》2009年8月25日第002版)

②下班后，我正跟同事往外走，碰上新聘来的小孙，就喊他一道走。小孙推托有事，同事见状打趣他："约女朋友了吧?""不是，请同学吃饭。" 王晓红《天天中奖》(《京华时报》2009年8月18日第039版)

错例：

保质期内牛奶变了味，孩子饮用后连续两天高烧不止，经销商又一直推托不予解决。

辨析：

推托：借故拒绝或推辞。推脱：推卸；开脱。“推托”一般要有托辞（借口），为了拒绝某件事找借口，不是推卸责任，而是在事情发生之前先找个借口不接受某件事或某种任务，侧重的是拒绝行为。如：她推托嗓子坏了，怎么也不肯唱。“推脱”无需托辞（借口），推卸的是责任，是在事情发生之后产生的责任，侧重的是结果。“推托”的对象是指别人请求的事；“推脱”的对象是指与己有关的事。

退化——蜕化

正例：

①用板栗 50 克，粳米 100 克，煮粥食之，能健运脾胃，增进食欲，尤其适合老年人机能退化所致的胃纳不佳者服食。不宜一次吃得太多，多食易伤脾胃，吃时要细嚼慢咽，嚼碎后再咽下。　杨力《巳时：养脾健胃正当时》（《科学养生》2011 年第 6 期）

②大学，对黎丹也许无所谓，对李瑶瑶简直是一种由蛹化为蝴蝶的蜕化。　陈启文《颠覆》（《十月》2001 年第 3 期第 131 页）

错例：

的确，猴子怎么比人还聪明，还爱清洁？若果如此，岂不是说人反倒在蜕化？

辨析：

退化：①生物体在进化过程中某一部分器官变小，构造简化，功能减退甚至完全消失，叫做退化。如鲸、海豚等的四肢成鳍状，仙人掌的叶子成针状，虱子的翅膀完全消失。②泛指事物由优变劣，由好变坏。“退”指后退、倒退。“退化”多用来形容事物由优变劣，由好变坏，但并没有发生质的变化。

蜕化：虫类脱皮，借指事物向坏的方面变化，多指腐化堕落。“蜕”，指蛇、蝉等动物脱皮，“蜕化”就有了像动物脱皮那样发生质变的意思，多用来比喻人变质、腐化堕落。

拖把——拖靶

正例：

①谭丽萍和金梅都喝多了，东倒西歪地不省人事，被我姥爷架进了客房，俩人还吐了一地，满屋是臭烘烘的酒气。我姥爷到盥洗室洗了手回来，春美夏已经在用拖把擦地了。鲍光满《姥爷的抗战》（《长篇小说选刊》2011 年第 4 期第 224 页）

②军长表情严肃起来，说，没经过炮火洗礼的兵不能算真正的兵，没打下拖靶就是玩一辈子炮也不能算真正的炮手。朱旻鸢《坝上行》（《小说选刊》2009 年第 10 期第 159 页）

错例：

在参加上级组织的高炮实弹射击考核中，师所属 2 个连队基层党组织充分发挥“龙头”作用，组织官兵进行强化集训一个月，在考核中一举命中拖把 4 具，获得实弹射击优胜单位荣誉。

辨析：

拖把：擦地板的工具，把许多布条或线绳固定在长棍的一头做成，也叫墩布、拖布。拖靶：由载机（有人驾驶飞机或无人驾驶飞机）在空中拖带的一种无动力靶标，用来模拟空中目标，供高炮、机炮或导弹射击训练或性能鉴定之用。

W

危机——危及——危急

正例：

①既然网络也和现实一样，到处都是陷阱，到处都是危机，又何必舍近求远，寻求那种虚无的感觉呢？　李东文《理想生活》（《十月》2002 年第 2 期第 149 页）

②经过了 4 分 33 秒的紧张对峙，在警方判断歹徒在情绪激动中可能要危及人质生命的情况下，下令事先埋伏好的狙击手果断处置，开枪击毙了疯狂的歹徒。　邱华栋《4 分 33 秒》（《小说月报》2010 年第 7 期第 51 页）

③县大队人员和民兵退入当地一座大宅，依托高墙深院，据险死守，大宅内兵力单薄，断粮断水，情况危急。　杨少衡《昨日的枪声》（《北京文学·中篇小说月报》2009 年第 11 期第 16 页）

错例：

①想到这些，苗雪茵心里涌起些悲哀，即使再相亲相爱，到了危机关头，都还会有自私一把。

②按照发展趋势，（110、119、120）三台联动后，将过渡至三台合一，最终实现三号合一。市民不论遇到危机生命的犯罪嫌疑人，还是目睹交通肇事，只需记住一个号码就可以。

辨析：

危机：名词，危险的根由；严重困难的关头。常用短语有：危机四伏；经济危机；人才危机；陷入危机；化解危机。危及：动词，有害于；威胁到。常用短语有：危及生命；危及国家安全。危急：形容词，危险而紧急。常用短语有：情况危急；情势危急；危急关头；危急时刻。

违反——违犯

正例：

①黄松有的行为严重违反党纪政纪，其中有的问题已涉嫌犯罪。 《一周人物榜》（《中国经济周刊》2009 年第 34 期）

②西非国家经济共同体谴责几内亚军人借总统去世之机发动政变的行为是"违犯宪法的"，并号召恢复民主和宪政秩序。 杨子岩《几内亚发生军事政变》［《人民日报》（海外版）2008 年 12 月 27 日第 08 版］

错例：

只要在军队，纪律就体现其突出位置，"违令者斩"，军令如山，违犯纪律必须追究，惩罚也很严厉。

辨析：

违反：不遵守、不符合。词义较轻，常与规程、纪律、政策、制度等搭配。违犯：违背和触犯。词义较重，常与法规、国法等搭配。

维度——纬度

正例：

①作为政府的职能，公共服务具有多维度的构造。　齐卫平《社区协商机制畅想》(《人民论坛》2009年第20期)

②贵阳生态优势明显，气候凉爽，空气清新，纬度合适，海拔适中，非常适合人居。　汪志球《生态文明贵阳会议召开》(《人民日报》2009年8月23日第04版)

错例：

我国的国情极其复杂，崛起无论从规模上，还是从效应上，都是世界历史上所前所未有的，因此世界对我们的解读也必然是多纬度的，难以准确。

辨析：

纬度：是个地理术语，含义单纯，用法单一。假定的沿地球表面跟赤道平行的线称为纬线，通过某地的纬线跟赤道相距若干度，就是这个地点的纬度。维度：是几何学及空间理论的基本概念，被广泛应用到其他领域，用来表示多方位、多层次判断、说明或评价某事物的角度。

委屈——委曲

正例：

①回家的时候，他把自己的心情写进了《归去来兮辞》。他说，“既自以心为形役，奚惆怅而独悲”。我的心灵已经成了身体的奴仆，无非是为了吃得好一点，住得好一点，就不得不向人低三下四、阿谀奉承，我的心灵受了多大委屈啊！　于丹

《于丹〈论语〉心得》（中华书局 2006 年 11 月版第 13 页）

②更多的时候，我们感到这个生存的自然环境仍然可爱，就是这些低吟浅唱给予的——在人的声调越来越高昂的进化中，那些藏身于瓦砾石缝、田畴篱角的小生物，它们随着季节到来又一次的啁啾、呢喃，依旧是委曲婉转，人坐在石阶上听着，一时不愿起身。 朱以撒《低语》（《人民日报》2006 年 6 月 6 日第 12 版）

错例：

我没有忘记当年为了你还小，需要有人抚养，才再结了次婚。但我没有选好适当的人，使你受了委曲，我对不起你的母亲。

辨析：

委屈：一指受到不应该有的指责或待遇，心里难过；二指使人受到委屈。委曲：弯弯曲曲的。

猥琐——萎缩

正例：

①秦得寿当年在班里不显眼儿，还挺猥琐，一双小眼睛跟老鼠似的，总是东瞅西看、心神不定的怪样子。 谈歌《扩道》（《小说月报》2012 年第 1 期第 7 页）

②那年冬天我的腿忽然用不上劲儿了，回到北京不久，两条腿都开始萎缩。 史铁生《我的遥远的清平湾》（《北京文学·中篇小说月报》2011 年第 2 期第 135 页）

错例：

①即使在社交场合，一个气派不俗的伟男人，总比一个萎萎缩缩的小丈夫更能满足女人的心理上的虚荣心。

②几年前，当我的买房愿望尚未实现时，看着人家住上宽敞明亮的新房，气宇轩昂地从一个个现代化小区走出来时，自己还真有点儿心里憋屈，举止萎缩，发誓买房！

辨析：

猥琐：形容词，（容貌、举动）庸俗不大方。常用短语有：举止猥琐。萎缩：动词，干枯，（身体、器官等）功能减退并缩小；经济衰退。常用短语有：花叶萎缩；肌肉萎缩；小脑萎缩；财政萎缩。

无辜——无故

正例：

①他好像突然明白了：自己过去太偏执、太狭隘了，一篙子打一船人，伤害了太多的无辜。　胡守文《貂毛围巾》（《啄木鸟》2009年第11期第78页）

②要力求做到“卒然来之而不惊，无故加之而不怒”，始终保持冷静的头脑，既有“看破”之功，也有“巧理”之本事。　刘国昌《人生“山水”说》［《人民日报》（海外版）2008年12月11日第07版］

错例：

苏吓了一惊，按住棠棣的肩膀说，你这是怎么啦？谁又欺负你啦？棠棣呜呜咽咽的，索性哭出声来：还不是你，平白无辜的，你在背后编派我什么！

辨析：

无故：没有缘故。无辜：没有罪，没有过错。常用短语有：滥杀无辜；一脸无辜。

无理——无礼

正例：

①老六劝赵全和老板闹，说无理也能搅出三分，赵全没听他的。　胡学文《谎役》（《小说月报》2010年第1期第11页）

②汉子挡住了小舅子，将他向屋里推，并说："显不着你！显不着你！他们都是我请来的客人，对客人不得无礼！"　梁晓声《回家》（《小说月报》2010年第4期第11页）

错例：

①吕贤明虽不像他兄长和弟弟那样横蛮无理，但对女人还是有同样的热情。

②借推让之机，团长搂住二姑娘欲行无理，被二姑娘用力推开去。

辨析：

无理：没有道理。常用短语有：无理搅三分；无理取闹；无理强辩。无礼：没有礼貌。常用短语有：不得无礼；休得无礼。

无瑕——无暇

正例：

①与雷云相熟相知的友人、同事和后辈，不约而同以澄澈无瑕的"水晶"为喻，表达对他人生态度、生命品格的崇敬与倾慕。　江南《君心一片水晶清》（《人民日报》2009年6月5日第04版）

②父亲那一代人责任感太强了，他们无暇逍遥。　宗璞

《旧事与新说》（新星出版社 2010 年 3 月第 1 版，《北京青年报》2010 年 8 月 29 日第 C3 版·每日连载）

错例：

一根根带刺的荷梗顶端是一朵朵盛放的荷花。有的洁白无暇的，有的白里透红的，还有的红中带绿的，深紫色、浅紫、粉红、白交相辉映，如水墨画般晕染开去。

辨析：

无瑕：没有斑点，没有缺陷，指事物的完美。常用短语有：白璧无瑕；纯洁无瑕；洁白无瑕；完美无瑕。无暇：没有空闲的时间。常用短语有：无暇顾及；无暇过问。

X

现行——现形

正例：

①我兴奋地说："如果是这样，我就大喝一声，将那个小偷抓个现行!"　蔡中锋《市长的自行车》(《小说选刊》2011年第4期第109页)

②赵大爷说我们两个火力太旺，阴暗的物件见了我们早早地避了，哪里敢现形。　叶广芩《后罩楼》(《小说月报》2011年第12期第28页)

错例：

好在班主任老安那天下午没来检查女生宿舍的内务，否则叶小米准定被抓现形，一个班批评肯定是躲不过去。

辨析：

现行：形容词，①现在施行的，现在有效的。常用短语有：现行法令；现行政策。②正在进行或不久前曾进行犯罪活动的。常用短语有：现行犯；抓现行。现形：动词，显露原形。常用短语有：官场现形记（小说名）。

销烟——硝烟

正例：

①国家一级景区虎门鸦片战争博物馆主馆“虎门销烟”经过近2年多时间的重新规划、设计、制作，今天开馆了。 刘满元《“虎门销烟”大有看头》（《广州日报》2011年6月24日）

②战争的硝烟一旦散尽，全世界各个国家第一要干的事情是什么你知道吗？ 鲍光满《姥爷的抗战》（《长篇小说选刊》2011年第4期第204页）

错例：

然而，其成名的背后背负了太多的销烟弥漫，太多的悲痛与创伤——山头上的泥土被炮火掀翻了一米多深，每抓一把土都有好几块弹片。

辨析：

销烟：销毁鸦片（烟土）。如：林则徐虎门销烟。硝烟：炸药爆炸后产生的烟雾。如：硝烟弥漫；战场的硝烟。

心机——心计

正例：

①过后一想，又觉得这女孩说话爽快，不藏心机，话是说得难听一点，未免也不是一个优点。 陈启文《颠覆》（《十月》2001年第3期第140页）

②这丫头还挺有心计的。我一直以为她比我小，很单纯呢！ 钱过敏《连升三级的爱恋》（《北京青年报》2011年2月24日第C1版）

错例：

历史将一个身陷乱世权谋，而心在浩阔时空的强大生命展示在我们面前，以致我们现在读曹操的诗，仍不禁为他强大的生命能量叹喟。一个勃发着生命力，又写得如此好诗好文的人，怎么会是一个工于心机、杀人如麻的恶魔呢？

辨析：

心机：心思；计谋。常用短语有：暗藏心机；枉费心机。心计：计谋；心里的打算。常用短语有：颇有心计；工于心计。

心里——心理

正例：

①刚走出门不远，就有人告诉我们，刚才那位年轻媳妇，是刚过门三天的新娘子，这条被子就是她唯一的嫁妆。我听了，心里便有些过意不去，通讯员也皱起了眉，默默地看着手里的被子。 茹志鹃《百合花》（《小说选刊》2009 年第 10 期第 6 页）

②对于八十多岁的老人，现在最大的一个任务就是健康地活着，你健康了，子女可以少操心，你长寿了，可以给子女很大的心理支持。 柯云路《人到老年》（《北京晚报》2009 年 10 月 28 日第 43 版）

错例：

①王义的妻子虽然一直被王燕感动着，也从王义的一封封忏悔信中，看出了王义的变化，但过去的伤痕太深，她心理有一道抹不去的阴影。

②一次，两次……去的次数多了，她发现那个窗户从来就

不曾打开过，封闭得有些让她窒息。她对他的疑惑越来越浓，开始怀疑他是不是有心里疾病。

辨析：

心里：心里面、胸口内部。常用短语有：心里打鼓；心里发慌；心里隐隐作痛；心里有爱；心里有数。心理：人的头脑反映客观现实的过程，如感觉、知觉、思维、情绪等，泛指人的思想、感情等内心活动。常用短语有：心理变态；心理测试；心理承受能力；心理干预；心理疏导；心理卫生；心理医生；心理阴影；心理预期；心理咨询师；变态心理；从众心理；逆反心理。

心率——心律

正例：

①此外，睡前两三小时内都不要运动，可以在晚饭后出去走走，舒筋活络，但不要太剧烈地运动，避免大汗淋漓、血压升高或心率加快等，千万不要以疲劳为前提进行睡眠。 夏文《睡前躺床上看书不利睡眠》（《京华时报》2009 年 9 月 16 日第 C04 版）

②两天后，王老石退烧了，只是心律还不齐，就像一头疲惫不堪的老牛，走上几步，就得歇一下。 徐锁荣《温柔的砚台》（《啄木鸟》2009 年第 9 期第 73 页）

错例：

电磁辐射因为人体抵抗能力差异，会产生不同程度的危害，如头痛、失眠、心率不齐等。

辨析：

心率：心脏跳动的频率，一般是指心脏每分钟跳动的次数。常用短语有：心率过速；心率过缓。心律：指心脏跳动的节奏。健康的心律应该是十分均匀的，心脏功能不正常时，会出现心跳节奏失常。常用短语有：心律不齐；心律失常。

心酸——辛酸

正例：

①她说这话时，那柔柔的声音常常使杜玄感到无端的心酸。　严秀英《被风吹过的夏天》（《中国作家·文学》2011年第12期第100页）

②乡村学校，关于它的记录，可以反映出一部辛酸痛苦的历史。　张炜《凝望》（《大家》1998年第2期第55页）

错例：

其实，这也是中国大多数女人一生中最令人辛酸的结局。

辨析：

心酸：心里悲痛。常用短语有：心酸落泪。辛酸：辣和酸，形容痛苦悲伤。常用短语有：辛酸的眼泪；辛酸的往事。“辛”有辣、痛苦等意思，“酸”也是悲痛、伤心的意思。从合成词的内部结构关系看，“心酸”是主谓结构，“辛酸”则是并列结构。

“令人心酸”不能说成“令人辛酸”。“一把辛酸泪”出自《红楼梦》，不能写成“一把心酸泪”。

行使——行驶

正例：

①公司上下无人不知，贺武平那个总经理是挂名的，真正

为他行使权力的人是梅金。　张欣《不在梅边在柳边》(《北京青年报》2011 年 8 月 27 日第 C3 版·每日连载)

②傍晚，他开着警车从所里回家，中途把车停在路旁，下车时，行驶于身后的一辆货车突然拐弯上前，冲进人行道，把他撞倒于地。　杨少衡《昨日的枪声》(《北京文学·中篇小说月报》2009 年第 11 期第 18 页)

错例：

①黎元洪见大势已去，只好于 13 日连发几道命令：任免国务员；裁撤巡阅使等；声讨政变操纵之罪恶；以及“本大总统在京不能自由行驶职权，定于本日移津”。

②事发当时正在马路边遛弯的张大爷说，由南向北行使的 1 路车走到路口时，突然一辆小车从东边窜了出来。

辨析：

行使：执行；使用（职权等）。常用短语有：行使公民权利；行使职权；行使主权。行驶：（车、船）行走。如：车辆正常行驶。

形式——形势

正例：

①用舶来品的歌剧形式讲一个中国的古典故事，显然是冒风险的，恐怕不伦不类，如此尝试你不是首创，你够猛的，竟将自己的歌唱理想寄托于《西施》之上。　张铁林《知天命成粉丝》(《北京晚报》2009 年 11 月 26 日第 43 版)

②敌人高音喇叭一喊，我们的土喇叭就不喊了，敌人一停我们就喊。我们主要讲形势，让敌人看清形势，投降。　张正隆《枪杆子 1949》(人民出版社 2008 年 9 月版第 177 页)

错例：

现在，全球经济形式不好，我国央行只能选择下调利率以刺激经济发展，同时投入四万亿救市资金进入到基础设施建设，这样就会带动钢铁、水泥等下游企业的发展。

辨析：

形式：事物的形状、结构等。常用短语有：组织形式；艺术形式；内容与形式的统一；形式主义。形势：地势；事物发展的状况。常用短语有：国际形势；国内形势；客观形势；大好形势；形势逼人；形势好转；形势急转直下；形势险要。

休戚——休憩

正例：

①“故园千里隔，休戚总相关。” 叶嘉莹《祖国是支撑我的根》[《人民日报》（海外版）2009 年 9 月 10 日第 01 版]

②家人在古镇的山水间游戏、休憩，他在城墙、石碑、古宅、寺庙、宗祠和牌楼间流连。 陈士娟《古镇文化的意味》[《人民日报》（海外版）2009 年 8 月 1 日第 07 版]

错例：

在众多险种中，女性最关注与健康休憩相关的医疗保险。

辨析：

休戚：名词，欢乐和忧愁，泛指有利的和不利的遭遇。休戚相关：指彼此间祸福互相关联。休憩：动词，休息。

休书——修书

正例：

①这么想着，陈陆软绵绵的血管里，就涌起了一股澎湃的潮水，他恨不得立即把休书扔到李彩菊的脸上，叫她卷铺盖滚回娘家。　薛舒《未来的前妻》（《小说月报》2011 年第 4 期第 110 页）

②而刘縯所作的最重大的一个决定，则是亲自修书一封求援赤眉。　曹昇《嗜血的皇冠》（时代文艺出版社 2010 年 9 月第 1 版，《北京晚报》2010 年 11 月 5 日第 45 版）

错例：

古时候的戏文里常说，一纸修书把一个女人逼上死路。但现代，离婚是自由的选择，有了结婚自由的男女，同样有走出“围城”的自由。

辨析：

休书：名词，封建社会已婚男子出具的解除夫妻婚姻关系的书面证明。修书：动词，①写信。如：修书一封。②编纂书籍。

休养——修养

正例：

①1932 年，我在河口战斗中负了伤，到罗山休养的时候，听说父亲随四方面军主力西征了。　吴华夺《我跟父亲当红军》（解放军出版社，《北京青年报》2009 年 10 月 28 日第 C7 版·每日连载）

②我们可以要求自己做一个有修养的道德君子，不去冒犯别人，但当别人没有任何缘由地时常冒犯你，你能做到不怒吗？　于丹《于丹〈论语〉心得》（中华书局 2006 年 11 月版第 28 页）

错例：

①在新中国成立后的很长一段时间里，邓颖超一直体弱多病，处于修养状态。

②导演夏钢向记者证实了退出剧组的消息，而制片方却表示，夏钢只是因病暂时修养一段时间，并没有结束拍摄工作。

辨析：

休养：动词，休息调养。修养：名词，指理论、知识、艺术、思想等方面的一定水平或养成的正确的待人处事的态度。

休整——修整

正例：

①这段时间让你受累了，没吃好，也没睡好，所以特地给你要了个好房间，你好好休整一下。　姚鄂梅《一面是金，一面是铜》（《收获》2010 年第 3 期第 146 页）

②母亲腾出前院，略作修整之后，一家有格调的小餐馆就在钧镇古街上开出来了。　计文君《开片》（《小说月报》2011 年第 1 期第 48 页）

错例：

①那小兵细声细语地说，大姐，您不知道，我们是在城外修整好了才进来的，大伙的衣服都是统一在永定河里用皂角洗过的，我们要给北平人民一个崭新的好印象。

②我国庆节期间只想一个人安静一下，修整修整，不会刻

意去吃喝的。

辨析：

修整：修理使完整或整齐，作用对象为物件。如：修整果树。休整：休息整顿，对人而言，多用于军队。如：利用战斗间隙进行休整。

需要——须要

正例：

①吴女士说，后来我们去了协和，医生很快就帮着把溃破的创口处理好了，并告诉我们，根本不需要拍X光。　唐珍、胡楚青、周鹤、江大红《急诊，别让百姓干着急》（《生命时报》2009年9月15日第16版）

②奥运文化广场均设置封闭围栏，并有足够的出入通道，观众进入围栏入口后须要接受安检。　卢国强、刘巍《奥运文化广场明起开放》（《京华时报》2008年7月12日第004版）

错例：

导读：什么方法可以拥有双眼皮？双眼皮手术须要多少钱呢？

辨析：

须要：助动词，一定要，偏重一定，可视为"必须要"的减省。需要：①应该有或必须有。②对事物的欲望或要求（作此义解时为名词）。二者强调的重点不同，"需要"强调对可见可感物件的要求，主体与客体之间有要求与被要求、使用与被使用的关系。"须要"强调事理上的必要，一般不用在对具体物件的要求上。

续水——蓄水

正例：

①这段时期刘春天对老总特别殷勤，一旦老总有什么事情出去一下，她马上就到总经理办公室，给老总的杯子里续水，帮老总整理一下报纸。　丁力《房东》（《小说选刊》2011 年第 3 期第 147 页）

②按设计规定，175 米为三峡工程最终蓄水水位，175 米蓄水完成后，三峡工程将由初期运行期转入正常运行阶段，全面发挥防洪、发电和通航等综合效益。　《点击关键词》（《江南时报》2009 年 9 月 16 日第 02 版）

错例：

家长会上，她让同学给每个家长沏好茶，在开会期间不断蓄水。

辨析：

续水：添水，加水。蓄水：储存水，积蓄水。一个水少，相机添加；一个水多，大量积聚。

学力——学历

正例：

①只要受过基本的教育，在就业的过程中就看学力，而不是看学历。　欧阳洁《教育要以公平为主导》（《人民日报》2009 年 3 月 5 日第 08 版）

②黄美清的优雅风度，良好气质，除了天生丽质外，更与她的学历分不开。　孙纯福《放纵的代价》（《啄木鸟》1999

年第 4 期第 59 页）

错例：

我国精算师的报考条件如下：凡具有大学本科以上学历或同等学历的个人，包括大学本科在校生均可报名参加中国精算师资格考试。

辨析：

学历：学习的经历，具体地指曾在哪类哪级学校毕业或肄业。学力：学问的深浅。同等学力：指学问达到同等毕业生水平。

Y

恹恹——怏怏

正例：

①王二黑回到牟山村后，成了一个病恹恹的老人。　焦庆福《远逝的枪声》（《当代小说》2011 年 12 月上）

②当时把我心疼得都要哭了，怏怏不乐地回了家，许多天都十分难过。　崔博《抢救“辽北满族儿童游戏”》（《铁岭日报》2010 年 4 月 12 日第 03 版）

错例：

碧色寨炙热阳光下的孤独很快席卷了病怏怏的秦忆娥，她每天坐在小洋楼二楼的阳台上，看来来往往的火车，听它单调粗鲁的鸣笛打发漫长的时光。

辨析：

恹恹：“恹”，音 yān，“忄”做义符，只叠用，形容患病而精神疲惫的样子。如宋·韩琦《点绛唇》词：“病起恹恹，画堂花谢添憔悴。”又如《醒世恒言·灌园叟晚逢仙女》：“玉人尽日恹恹地，猛被笙歌惊破睡。”常用词语和短语有：病恹恹；病病恹恹；恹恹欲睡。怏怏：“怏”，音 yàng，形容不满意或不高兴的神情。如：怏怏不乐；怏怏不得志。

淹没——湮没

正例：

①公元一千九百三十五年，中原水灾。先是滚滚混浊的黄河水决堤而出，淹没了几十个县的田地和村庄。　石钟山《闯关东的女人》（《小说月报》2010 年第 5 期第 5 页）

②据说那种久已湮没的神秘虎抱拳，传自一千多年前的河南洛阳，练好了可以赤手空拳打死老虎。　张庆国《如风》（《北京文学·中篇小说月报》2011 年第 2 期第 117 页）

错例：

①这情形，忽然让我产生幻觉，仿佛，我们父子三人组成了一支考古队，在考古队队长苏伍的带领下，我们正进入一段被淹没的历史。

②世人所知英名，其实只占人才十之一二，天命、时运、人脉，缺一不可，也就是天时、地利、人和的意思，还有十里面的八九淹没于草莽或是坊间，无名无姓。

辨析：

淹没：（大水）漫过；盖过。湮没：埋没。

言中——言重

正例：

①门关上了，刘书记对李重重说，早就有人说白酒箱子里有问题，果然言中了。　李治邦《真相》（《小说选刊》2010 年第 9 期第 93 页）

②王老石一听就觉得奇了，道："画画，不过是区区小道，

怎么会关乎人命，你言重了吧?”　徐锁荣《温柔的砚台》（《啄木鸟》2009年第9期第70页）

错例：

路很滑，积水污泥很多，我真有点后悔，要走的路还长着呢，干嘛这么早就下车。有幸被我言重了，以后的十三天里再也没有见过公路，更没有听过汽车的鸣笛。

辨析：

言中：说中；说对。如：不幸而言中。言重：话说得重。

扬花——杨花

正例：

①稻子扬花，稻子扬花，稻子扬花啦，/稻子扬花一片片，前呼后拥。　柳鸿裕《稻子扬花》（《词刊》2011年第7期）

②面对着水性杨花的妻子，曾想过自杀，但细想又觉得是一种愚蠢的行为。　阿吉、冯艺儒《面对水性杨花的妻子，我该怎么办》（《江门文艺》2008年第1期）

错例：

就连女人的过、女人的错、女人的邪恶，也总离不开一个水字，什么“水性扬花”，什么“红颜祸水”。

辨析：

扬花：水稻、小麦、高粱等作物开花时，花药裂开，花粉飞散。杨花：杨树的花。水性杨花：形容妇女作风轻浮，用情不专一。

以至——以致

正例：

①平时她以枸杞泡茶饮用，这是因为她平时一直注意用眼卫生，不至于使眼睛过度疲劳，以至她到了老年依然可以不戴眼镜看书写作。　秦文军《心境平静益长寿》［《人民日报》（海外版）2009 年 9 月 11 日第 14 版］

②有的货车司机为了赶时间，超速行驶，遇到紧急情况时，根本来不及刹车，以致酿成大祸。　黄庆畅《大货车咋成“大祸车”》（《人民日报》2009 年 8 月 26 日第 19 版）

错例：

实践、认识、再实践、再认识，这种形式循环往复，以致无穷，而实践和认识之每一次循环都是比较进入到高一级或深一层的程度。

辨析：

以至：①表示在数量、时间、程度、范围的延伸，有递进关系。②表示由于上文所说的情况程度很深而产生的结果。如：形势的发展十分迅速，以至使很多人感到惊奇。以致：致使，表示由于上述原因而造成的结果，大多数是不好的或说话人所不希望的结果。“以致”只能连接分句，“以至”可以连接词、词组或分句。

异地——易地

正例：

①四川省阿坝州茂县 500 千伏输变电恢复重建、攀钢集团

四川长城特殊钢有限公司异地重建等 14 个项目边设计审批、边施工。　崔鹏《资金使用欠规范　无重大违规问题》(《人民日报》2009 年 9 月 15 日第 06 版)

②上半场中国队 1 比 0 领先。易地再战，中国队继续掌控局势。　郑小龙《高家军轻取巴勒斯坦》(《京华时报》2009 年 7 月 19 日第 020 版)

错例：

上半场双方 0 比 0 握手言和。异地再战，主场作战的舜天队仍然占据了场上的优势。

辨析：

异地：名词，他乡，外地。常用短语有：流落异地；异地相逢。易地：动词，互换所处的位置。常用短语有：易地安置；易地再战。

意气——义气

正例：

①这时，薛有朋反而后悔了。交代这么重要的任务，自己不该意气用事。执行这样敏感的工作，容不得任何勉强啊。郝在今《东方大谍》(《啄木鸟》2009 年第 12 期第 49 页)

②在人情味浓重的东方社会，除了学会培养交情，还要讲点“江湖义气”，人脉才会越来越广。　陈秀月《谢谢您，创业导师》[《人民日报》(海外版) 2009 年 9 月 12 日第 05 版]

错例：

秦扁担骂街了，杀人不过头点地，人家已经服输了，天津卫的规矩，无论是多大的冤仇，对方一说“服了”，也就算完了，再下狠手，就有失江湖意气了。

辨析：

意气：指意志和气概，也指志趣和性格，还指由主观偏激而产生的情绪。常用短语有：意气风发；意气高昂；意气相投；意气用事；闹意气。义气：指由于私人关系而敢于承担风险或牺牲自己利益的气概。常用短语有：义气凛然；哥们义气；江湖义气；讲义气。“意气”侧重于主观情绪。“义气”侧重于气度，一种因“私”而产生的气概。

阴私——隐私

正例：

①讦，即发人阴私。若独家为之，称作“讦户”；若聚集数人为之，称作“文伥”。　周济谱《国企不提倡匿名信》（人民网 2007 年 11 月 5 日）

②Byren 告诉记者，作为天王巨星，刘德华之所以迟迟不公开与朱丽倩的婚姻，是希望保护个人隐私。　《华仔朱丽倩早已结婚》（《京华时报》2009 年 8 月 27 日第 048 版）

错例：

今天的网络新闻如何保护公民的个人阴私，网络媒体有没有权利公开私人在网上的信息？

辨析：

阴私：暗中干的或隐秘不可告人的事，含贬义。在法律上，“阴私”指男女奸情或有伤风化的事。攻讦他人阴私，容易引起公众效应。隐私：不愿告人或不愿公开的个人的私事，一般不具公众效应。“隐私”纯属个人秘密，如个人的生活、经历、爱情、日记、信件等等，隐私权受法律保护。

因缘——姻缘

正例：

①他从那个自私自利到认为对父母的压榨实属天经地义，且对养育之恩完全不懂得感激的“白眼狼”身上，看到人与人之间的因缘其实只在一念之间，不懂得节制的人最终不会有好的收场。　安顿《师徒如父子》（《北京青年报》2010年8月17日C7版）

②我老婆说，黄老师，你说我跟周老师怎样？老黄说，天作之合美满姻缘哩。　凌可新《星期天的鱼》（《小说选刊》2011年第4期第43页）

错例：

1992年，在中央电视台“声乐之梦”节目里，我学唱了一段魏老师在曲剧《啼笑姻缘》里的“四季相思”唱段。

辨析：

因缘：泛指缘分，指人与人之间命中注定的遇合的机会，也指人与人或人与事物之间发生联系。姻缘：婚姻的缘分。如：他们俩从小青梅竹马，后来成就了一番好姻缘。

著名作家张恨水的小说《啼笑因缘》，不应写作“啼笑姻缘”。

引见——引荐

正例：

①翟筝筝的目光紧紧锁定着情节脉络的延伸：苏晨说他将要回去，送了潘子惜自己精心准备的礼物和信，分别那天果真

如先前苏晨说的，不让潘子惜送行，并许诺写信和将她引见给父母，车站里淡去的是苏晨独自离开的背影。　海藻树《风住尘香花已尽》(《青歌》2011 年第 1 期)

②狄仁杰虽然来不及亲眼看见李唐的光复，但他却为朝廷引荐了一大批人才进入朝廷，这些人后来都成了一代名臣。　王者觉仁《神断狄仁杰的名相智慧》(《百家讲坛》2011 年第 9 期)

错例：

那天范主任把她带到办公室，一一给大家引荐说，简静，新闻学院的高才生，从今天开始，我们就是同事了。

辨析：

引见：引人相见使彼此认识。引荐：(向组织或个人)推荐(人)。

应激——应急

正例：

①本次地震突如其来，不仅给人的生命财产带来伤害，也会使人们出现心理应激反应，损害人们的安全感，严重者甚至产生急性心理反应。　《抗震救灾中大众心理危机干预》[《人民日报》(海外版) 2008 年 6 月 27 日第 14 版]

②几天前，物业张贴了广告收益表，赵普认为，这是物业采取的应急措施。　王丽娜《央视主持人赵普诉物业案开庭》(《京华时报》2009 年 8 月 12 日第 010 版)

错例：

他们来自全军 10 多个大单位，是各方面的心理专家，现分布在青川、彭州、都江堰、什邡、北川等责任区的主要乡镇，对受灾群众开展心理应急干预和疏导、抚慰。

辨析：

应激：对刺激产生反应。常用短语有：应激反应；应激状态；心理应激。应急：应付迫切的需要。常用短语有：应急措施。

有力——有利

正例：

①古海一伸胳膊把她的手臂抓住了，杏儿觉得那只大手就像钳子一样有力。　田耳《打分器》（《小说月报·原创版》2012 年第 2 期第 68 页）

②聂司令员……指示我们以小部兵力在白石口一带迎击敌人，把敌军引向银坊，让他们扑空，然后隐蔽起来，迷惑敌人。而后以游击队一部在银坊北出击，诱敌东进，待敌进至黄土岭一带有利地形，集中主力将其包围歼灭。　杨成武《“名将之花”凋谢在太行山上》（解放军出版社《星火燎原全集》，《北京青年报》2009 年 11 月 2 日第 C7 版·每日连载）

错例：

他说，文明联盟是打击极端主义和消除分歧的一个重要途径，对执行联大通过的反恐战略是有益的补充，是对联合国开展预防外交和推动可持续和平的有利支持。

辨析：

有力：有力量；分量重。有利：有好处；有帮助。

原形——原型

正例：

①江维接话说，穿着衣服还行，还能骗骗人，脱了衣服可就是原形毕露了，整个就是一小老头。　李东文《理想生活》（《十月》2002 年第 2 期第 147 页）

②你看过电视剧《乌龙山剿匪记》吗？那就是我们 47 军在湘西剿匪的事儿。剧中主人公，人称“东北虎”的那个侦察队长原型，就是 420 团侦察股长刘雨飞。　张正隆《枪杆子》（人民出版社 2008 年 9 月第 1 版第 421 页）

错例：

①我的那个小说是有原形的。我几乎没经过多少加工就写进了小说，连人物的姓也没改。

②南京军区创作员陆柱国写过本小说《踏平东海万顷浪》，后来被改编成电影《战火中的青春》，主角雷震林的原形就是这位侦察科长。

辨析：

原形：原来的形状；本来面目。常用短语有：显露原形；原形毕露。原型：原来的类型或模型，特指叙事性文学作品中塑造人物形象所依据的现实生活中的人。

Z

在世——再世

正例：

①据美联社报道，在9月21日日本“敬老日”即将到来之际，日本厚生劳动省发表年度报告说，迄今日本在世百岁以上寿星共计40399人，其中86%为女性，而去年百岁以上寿星为36276人。 《日本百岁寿星超过4万人》(《京华时报》2009年9月12日第021版)

②同学父亲立刻夸赞彭先生是华佗再世，说当年华佗要刨开曹操的脑袋，曹操跟他一样，也是头痛耳鸣，苦不堪言。 叶广芩《玉堂春》(《北京文学·中篇小说月报》2009年第12期第29页)

错例：

人事科长又接着说道：“局长的书法独树一帜，用笔干净利落，雄伟端庄，遒劲有力，入木三分，实为王羲之在世，颜真卿重生。”

辨析：

在世：存在于世、活在世上，如：经历过此事的人在世的已不多了。再世：再现于世，再生。

增值——增殖

正例：

①我们现有的住房，自从我和小珺结婚，已经增值了将近一倍，但就算卖掉现在住的房子，加上手头的存款，我们也买不起更大的新房。　女真《岳父大人》（《小说选刊》2011 年第 8 期第 12 页）

②实验表明，连续 7 天服用研究所研制的胡萝卜素制剂，可以使受试人群肠道内的有益菌群增殖 100 多倍，有效降低运动性腹泻的比例。　王志胜《吃胡萝卜能防拉肚子》（《健康时报》2006 年 12 月 4 日第 02 版）

错例：

京西某项目楼盘操盘手也表示，以前从未考虑过土地增殖税的成本，未来要增加多少成本，他们要看具体细则做出计算。

辨析：

值：价格、数值。增值：资产或商品价值增加。常用短语有：商品房增值。殖：繁殖、孳生、生殖。增殖：增生；繁殖。常用短语有：畜牧增殖计划；增殖耕牛。因此，从“值”与“殖”两字的意思看，“值”是与事物本身的价值有关，而“殖”侧重于繁殖即个体增多。因此“增值”是指物体价值本身变大，而“增殖”是指物体因多了新的个体而使其价值变大。

褶子——折子

正例：

①母亲叹息了一声，抖了抖念珠，大声说：“离？一脸褶

子，半头白发，谁要?!” 迟子建《别雅山谷的父子》(《小说月报》2012年第3期第13页)

②记者曾收到一位官员的名片，像折子一样叠了几层，上面密密麻麻地排列着他拥有的各种头衔——其中最多的，就是各种各样临时机构里的“官职”。《专家解析“临时机构”现象》(《江南时报》2007年8月30日第06版)

错例:

胡同口有一摊儿，煎饼摊子。韩少白溜达到跟前，摊主是一老太太，正在那儿埋头刷面糊，慈眉善目，脸上没丁点折子。

辨析:

折子：用纸折叠而成的册子，多用来记账。褶子：有数个义项，其中之一为脸上的皱纹。

贞节——贞洁

正例:

①从黄河流域到江南，灿烂的农耕文明以及与之相伴的儒家礼教已经有了千年的历史，历朝各代，也曾为女性树立起一座座数不尽的纪念碑——贞节牌坊。 邢富君《一个女人生存的史诗》(《海燕》2011年第6期)

②“百合花象征贞洁。”她摸着织花，所答非所问。 桂雨清《女劳教队长和“绿鹦鹉”》(《啄木鸟》1986年第1期第78页)

错例:

①可是他从河边回来，边小莺还是没有换，她就那么湿着，这让他既心疼又生气，他彻底明白，边小莺对自己的把守，够立贞洁牌坊了。

②活下来的两个劳工，捧着自己参差不齐的发辫，痛哭失声，仿佛一个女人失去了自己的贞洁。

辨析：

贞节：名词，①坚贞的节操，②封建礼教所提倡的女子不失身、不改嫁的道德。贞洁：形容词，指妇女在节操上没有污点。“贞洁”仅围绕女子本身来说事，而“贞节”则上升到了节操和道德的高度。

侦查——侦察

正例：

①兰的牢骚发完了，惠也清点好了，给兰的杯里续上水：“此人是搞化装侦查的缉毒警察，五十多次打入贩毒集团，经历极富传奇性。” 高红十《境与界》（《十月》1995年第2期第53页）

②前卫团的干部及我们几个师的干部进行过实地侦察以后，判断了情况：渡口大道是敌人的防御重点，工事较强，兵力较多；渡口上游五百公尺处，南北两岸勉强能攀登上下，而敌人对此处没有大的注意；其余各处均是无法通行的绝壁悬崖。 刘亚楼《渡乌江》（解放军出版社《星火燎原全集》，《北京青年报》2009年10月16日C7版·每日连载）

错例：

①基于这个正确的认识，出征后，朱棣并未鲁莽进兵，而是首先派出几支轻骑兵四处侦查，这些人经过仔细探访，果然找到了乃儿不花的确切位置。

②交待这些情况的原是一个死缓在押犯，名叫王国炎，绰号叫青虎，年龄不到40岁，曾在侦查部队学有各种技能，能驾驶汽车，摩托车，会擒拿，并能使用各种型号的枪支。

③文章寄自美国，洋洋三四万字，详尽地报道了一个青岛姑娘和她五个月的私生子在洛杉矶惨遭杀害的案情以及当地警方如何积极侦察的种种情况。

辨析：

侦察：军事用语，指为了弄清敌情、地形及其他有关作战的情况而进行活动。侦查：司法用语，指检察机关或公安机关为了确定犯罪事实和犯罪人而进行调查。

阵式——阵势

正例：

①前荷兰国家队主帅范巴斯滕透露了自己心中的“橙衣军团”首发阵容，如果南非世界杯是他带队参赛的话，那么他会选择4－3－3阵式，并让埃利亚取代范博梅尔担任首发。 文礼《范巴斯滕心中的荷兰首发：阵式4－3－3 埃利亚首发》（网易体育2010年6月14日）

②车夫看这阵势，想悄悄离去。士兵大喊：“不要走！”车夫只得停下，壮胆趋前问道：“刚才那位是哪位大官的亲戚？”士兵笑答：“他是冯督军！”车夫倒抽一口冷气。 张培麟《冯玉祥花钱“买”骂》（《幸福·悦读》2008年第12期）

错例：

他早已把自己包裹得严严实实，针插不进，水泼不进，从一开始就形成了两军对垒的阵式。

辨析：

阵式：队伍排列的形式。阵势：①军队作战的布置。②情势；场面。

振动——震动

正例：

①手机连响带振动，乔曼掏出一看，他发的信息。半个小时到，他说。　阿满《花蕊》（《北京文学·中篇小说月报》2009 年第 12 期第 67 页）

②“糖业大王”沈志杰被人杀死在家中，震动了大石桥。崔亚斌《杀机》（《啄木鸟》2001 年第 6 期第 90 页）

错例：

正当瑶瑶胡思乱想的时候，手机呼呼地震动了几下，是短信，瑶瑶从裤袋里掏出手机看了眼，号码很陌生，内容是两个数字：45。

辨析：

振动：指物体通过一个中心位置，不断作往返运动，这种运动是有规律的，其结果没有破坏性。震动：颤动、使颤动，是无规则的，其结果往往是消极的，甚至是破坏性的。手机的振动设置，目的是提示主人有来电或短信，对手机本身无疑是没有破坏性的，故应写作“振动”。

争风——争锋

正例：

①从这个意义上来说，女人的争风，和曹操的“对酒当歌人生几何”是一个意思。　阿袁《创作谈：永远的女女关系》（《北京文学·中篇小说月报》2010 年第 1 期）

②霍廷霄有时简直就是电影美术界的一把倚天屠龙剑，此

剑一出，谁与争锋？　老于《此剑一出，谁与争锋?》（《风采》2007 年第 10 期）

错例：

①如果说，把 2005 年称之为"超女年"并不为过。PK 成为无词能与之争风的 2005 年第一流行语，过气歌手通过这个节目做评委重新回到自己的事业轨道。

②许多年轻干部或教师为了能与黑牡丹跳一支舞，常常会在争锋吃醋之余，大打出手。

辨析：

争风：为男女风情而竞争。争风吃醋：指因追求同一异性而互相忌妒争斗。争锋：争胜，争强。

正规——正轨

正例：

①为了让他和哥哥一起能相互有个照应，父母把刚上到小学四年级的官春云提前送入了荆州中学和哥哥"作伴读书"，从这时起，他开始接受正规的教育。　韩霁《千里流金菜花香》（《经济日报》2009 年 8 月 9 日第 08 版）

②博物馆的基本陈列正式开展了，各项工作都进入了正轨。　刘功业《秋色金黄》（《十月》2010 年第 3 期第 207 页）

错例：

据记者观察，现在商场已步入正规，停止了刮奖活动。

辨析：

正轨：名词，正常的发展道路。常用短语有：纳入正轨；步入正轨；走上正轨。正规：形容词，符合正式规定的或一般公认的标准的。常用短语有：正规军；正规方法；不太正规；

很不正规。

支使——指使

正例：

①说到这儿，他冲架子上的师傅们一呶嘴，接着说："再没泥了，你就像他们支使我那样，在架子上喊我一声就行啊。" 徐镇川《尊重》（《承德日报》2008年11月21日第B2版）

②经查，现年37岁的梁××，由于受他人指使，于11月19日至今，在不到一个月的时间内，连续多次在龙平村大平片实施故意纵火，火灾共造成过火面积500亩左右，造成巨大经济损失。 黄金铭、殷益辉《受人指使故意纵火》（《梧州日报》2011年12月25日第01版）

错例：

一天希拉里下班回家后，看到克林顿正悠闲地看电视，憋了一肚子火的她竟像指使佣人一般命令丈夫拿抹布清扫厕所。

辨析：

支使（zhīshi）：命令人做事。指使（zhǐshǐ）：出主意叫别人去做某事，通常是做坏事。

职业——执业

正例：

①李荔枝永远都是大火烧到家门口的急促声调，这与她的职业不协调，医生怎么可以这么说话呢？ 林那北《沙漠的秘密》（《中国作家》2009年第1期第55页）

②我是有执业资格的内科主治医生，曾经行医20多年。

毕淑敏《蓝色天堂》（湖南文艺出版社 2011 年 1 月第 1 版第 132 页）

错例：

法院认为，马某未取得医生职业资格而非法行医，致人死亡，其行为已构成非法行医罪。

辨析：

职业：名词，个人在社会中所从事的作为主要生活来源的工作。亦做属性词，指专业的，非业余的。执业：动词，律师、医生、会计和某些中介服务机构的人员等进行业务活动。执业资格：指从事某些行业所必须具备的条件。

指使——指示

正例：

①他的住宅被一个行业竞争对手指使人纵火，损失惨重。周铁钧《换算幸福》（《幸福·悦读》2011 年第 8 期）

②某公安局要盖一栋办公楼。没钱咋办？局长指示民警在辖区“抓赌抓嫖”。不久，办公楼落成了。党忠军《指示》（《杂文月刊》2009 年第 10 期）

错例：

三个车主都指称，车胎是物业指示扎的，他们说，因为没有缴纳每年 1200 元的停车费，并将车停在了大院门口，因此遭到物业的报复。

辨析：

指使：出主意叫别人去做某事，通常是做坏事。指示：①指给人看。②指示下级或晚辈的话或文字。③上级对下级或长辈对晚辈说明处理某个问题的原则和方法。

志哀——致哀

正例：

①中国驻悉尼总领事馆15日举行仪式深切哀悼甘肃舟曲特大山洪泥石流遇难同胞，总领馆下半旗志哀，全体馆员、驻悉尼中资机构代表近百人在国旗下肃立，默哀三分钟。《献给舟曲同胞的拳拳爱心》[《人民日报》（海外版）2010年8月17日第06版]

②日本军医铃木正男用生硬的英语说完这话，就垂下他那颗硕大的头颅，笔直地站在林楠笙的病床前，如同致哀。 畀愚《叛逆者》（《小说月报》2011年第12期第65页）

错例：

“去降半旗吧，请为我们的祖国致哀。”弗朗索瓦头也不回地说。

辨析：

“志哀”跟“致哀”的意思大体相同，都有“表达哀悼”的意思，但是，从准确使用词语的角度来说，如果是表述“表达哀悼”的意思，最好选用“志哀”；如果是向某一具体对象表示哀悼，最好选用“致哀”。例如：

①参加会议的人都脱帽志哀。

②参加会议的人都脱帽向这次飞机失事的遇难者致哀。

志愿——自愿

正例：

①在解放前，他并没有做过买牛的梦。可是，土地改革以

后，却立了志愿，要用“吃三年薄粥，买一头黄牛”的精神，造三间房。　高晓声《李顺大造屋》（《小说选刊》2009年第10期第18页）

②对规划区内不愿种树的农户，在双方自愿的基础上，村组从机动地中划出地块，将其林地兑换过来，然后转包给愿意种树的大户；……　王胜文、陈卫《探索平原农区林改之路》（《人民日报》2009年9月14日第20版）

错例：

国难当头时，中国人民自愿军跨过鸭绿江，他们的披肝沥胆、浴血奋战成就了一世英名，成为当时最可爱的人。

辨析：

二者都可以做动词，都含有自己愿意的意思。“自愿”强调自觉自愿；“志愿”表示心甘情愿立志去做某事，并努力达到目标，多用于重大的事情。

制订——制定

正例：

①“让投放广告的企业主快速把握市场形势、制订和有效执行网络营销整体计划，让企业的每一分钱实实在在地花在刀刃上，从而实现更高的投资回报。”　陈莹莹《加快创新步伐　加速企业成长》（《经济日报》2009年9月10日第13版）

②有段时间，中央制定农业方面的重大政策，上边少不了来人或部署调查任务交他完成。　陈桂棣、春桃《民间包公》（《当代》1998年第2期第5页）

错例：

为了不断地开拓新的工作局面，他常常从头学习，深入基层，调查研究，制订政策，为此付出了全部精力和时间，就连周末和节假日也基本都在基层度过。

辨析：

二者有两点不同。一是在意思上："制订"侧重于拟议和创制的过程，产生的不一定是定案；"制定"产生的多是定案。二是在组合关系上："制订"后面搭配的多是计划、办法、公约、方案等，较少法令、法规；"制定"后面搭配的多是纲领、法令、法规、决议、方针、政策、规章等，往往具有庄重的色彩。"制定"凸现的是权威性，"制订"凸现的是创造性，两者侧重点不同，满足不同的表达需求。

置疑——质疑

正例：

①老板最后用不容置疑的语气说，百分之百是假的，仿冒品，这是狐狸毛，哪里是什么貂毛？　胡守文《貂毛围巾》（《啄木鸟》2009 年第 11 期第 78 页）

②吕布大口喝了一杯啤酒，毋庸置疑地告诉他们："试用期的那段时间，我可确实卖出去 999 把梳子。"　成君忆《水煮三国》（中信出版社 2008 年 10 月第 2 版第 24 页）

③此刻，面前的房屋自己进不进得去并不重要，重要的是我竟也对自己质疑起来，我打量着自身，目光愈来愈不解地发出疑问：我究竟是谁？我真的就是这些书的作者？我真的就是我自己吗？　廖华歌《纸房子》（《十月》2009 年第 6 期第 129 页）

错例：

①老马在人格魅力和领导力上不容质疑，但从技术层面来说，他的经验和能力还是很薄弱。

②问题总是让我们置疑，大脑从不让我们安安心心地相信某一件事物，总是从另一个角度提出问题。

辨析：

质疑：提出疑问，请人解答。如：群众向有关部门质疑这个问题。置疑：怀疑，一般用于否定句中。如：这件事的重要性不容置疑。

中止——终止

正例：

①但我向你保证，你只要和我们合作，我们会随时中止药物的作用，而且你的身体不会受到任何的损失，这也是药物发明者反复试验证明的，告诉你，我们的公司拥有一流的毒物学家。　周大新《预警》（北京十月文艺出版社，《北京青年报》2009年10月17日C3版·每日连载）

②他老人家以为已经遏制了我的想法，却没有想到事情并没有按照他的意愿终止。　冯小刚《我把青春献给你》（长江文艺出版社，《北京晚报》2010年7月5日第54版·每日连载）

错例：

①随后，法院当即终止审理，要求搜狐律师回去核实清楚。

②今年6月，业委会决定中止和物业的合同关系，准备招聘新物业。

辨析：

中止：指暂时停止，但有可能继续。终止：指彻底停止，不可能继续。

钟情——衷情

正例：

①她叫蓝冥雪，我和她真是一见钟情，已经四个多月了，我觉得，她就是我一生要找的人。　何马《大漠图腾》（中国友谊出版公司 2010 年 10 月版第 232 页）

②当地伊斯兰教协会会长洪洋因工作原因，把火炬手资格让给了另一名阿訇，但他对火炬不减衷情：“我们穆斯林和全中国人民一样，怀着同样激动的心情期盼奥运。”　潘少军《祥云映照水韵之城》（《人民日报》2008 年 7 月 1 日第 09 版）

错例：

①我几次三番想告诉他，在这个社会里，无论我们多么衷情于自己的事业，多半的人还是不得不为了求生存而混饭。

②他说，这是他所衷情的“艺术地产”的体现。

辨析：

衷情：名词，内心的情感。常用短语有：畅叙衷情；互诉衷情；倾吐衷情。钟情：动词，感情专注（多指爱情）。常用短语有：一见钟情；钟情于事业。

忠心——衷心

正例：

①三国时期西蜀丞相诸葛亮一生忠心辅佐刘备、刘禅两代帝王，鞠躬尽瘁，死而后已。　夏炎《古代官员的教子之道》［《人民论坛》2009 年 6 月（上）第 60 页］

②当然，刘利希望乔艺云痊愈了。痊愈了就行，身体好比

什么都好，刘利衷心为她祝福。　阿满《花蕊》(《北京文学·中篇小说月报》2009 年第 12 期第 71 页)

错例：

在 80 多年的革命生涯中，李德生同志对党对人民衷心耿耿，把毕生精力献给了民族独立、人民解放、社会主义和军队现代化建设及改革开放事业。

辨析：

忠心：名词，忠诚的心。如：他对党对人民一片忠心。衷心：形容词，出于内心。如：我衷心地祝你万事如意。“忠心耿耿”是对的。

终身——终生

正例：

①来提亲的人家多得很，还有王爷的格格呢！因为容若发过话，说要终身不娶，只好统统回绝。　赵淑侠《凄情纳兰》(中国华侨出版社 2009 年 9 月第 2 版第 111 页)

②刘畅寻找商东秀是受人之托，托她的这个人很特别，来自大洋彼岸，美国纽约一所著名大学的终身教授，历史学家，华裔，姓韩，满头白发，是刘畅的上一辈学者。　杨少衡《初起的阳光》(《小说月报》2009 年第 11 期第 5 页)

③任鸣今年 43 岁，他很庆幸自己身在北京人艺，而且找到了值得自己奋斗终生的使命——保卫人艺风格。《任鸣：我是人艺的儿子》(人民网 2007 年 4 月 17 日)

错例：

①小玉看到这两件实物，才终于相信，自己是被汉口一户人家抛弃的私生子，而母亲杨文秋为了养她，终生未嫁。

②两人商量开业的时间、方式，那是一个令他俩终身难忘的夜晚。

辨析：

终身：侧重于指切身的事情，常用于生活、婚姻、利益、职业、职务、权利等方面。常用短语有：终身保险；终身保修；终身不嫁；终身不娶；终身不孕；终身残疾；终身大事（多指婚姻）；终身名誉教授；终身养老金；终身之计；终身总统；剥夺政治权利终身；私定终身；托付终身等。终生：侧重于事业方面，多用于事业、工作、使命、抱负、业绩等方面。常用短语有：终生难忘；终生受益；抱憾终生；奋斗终生等。

主持——住持

正例：

①他，现在是我的前夫，一个大型国企的总经理，年薪九十万元以上，开奥迪，住别墅，娶了一个小他十几岁的电视女主持，有一个三岁多的女儿，过着一种标准版的幸福生活。 盛琼《像植物一样活》（《小说月报》2011 年第 10 期第 97 页）

②他担任少林寺的第二任住持，为了强身健体，在他的号令下，少林寺和尚习武成为必修之课，并逐渐形成了精湛而丰富的少林武功。 刘书民《佛教汉化的安阳故事》［《人民日报》（海外版）2009 年 8 月 18 日第 07 版］

错例：

当时寺院外面有几个居士正在菜地里除草，见我一个人扛着行李来了，就跑过来帮我扛行李，带我去见寺院的主持。

辨析：

主持：动词，负责掌握或处理。住持：名词，寺院主持者的名称，负责主持一个佛寺或道观的事务。

主义——主意

正例：

①她对汤梦生说："你别打我的主意，我帮不上你的忙，我是一头快乐的猪。" 陈启文《颠覆》（《十月》2001 年第 3 期第 138 页）

②主义与爱情的冲突，道义和信仰的纠结，传奇和史事的交织，使这部剧呈现出一种斑斓的叙事状态。 猛将兄《盘龙卧虎的延安前史》（《北京青年报》2011 年 4 月 8 日第 C4 版）

错例：

从《旺角卡门》开始，王家卫就打定主义要走一条特别的导演之路，远不像他的编剧之路屈从于商业模式的需求。

辨析：

主义：①对客观世界、社会生活以及学术问题等所持有的系统的理论和主张。②思想作风。③一定的社会制度；政治经济体系。主意：①主见。②办法。

瞩目——注目

正例：

①抗战爆发前，他在山东邹平七年，主办山东乡建研究院，寓教育与乡治于一体，其学生多达数千人，蔚为壮观，一时为全国瞩目。 李辉《书札看历史 手迹见性情》（《北京晚

报》2009 年 10 月 26 日第 38 版）

②……人们游东湖，免不了要在“沧浪亭”旁屈子纪念馆前躬行一番，还要吟诵几句他的《离骚》，甚至手舞足蹈，还要去看上两眼为纪念朱德元帅而建的“朱碑亭”，到“九女墩”行个注目礼，畅游所有的楚风物所，让楚韵长风灌满心胸。熊泽民《秀美东湖》（《人民日报》2009 年 9 月 5 日第 08 版）

错例：

①举世注目的奥运会即将来到我们身边，但愿奥林匹克的拼搏精神也能带给我们每一个人、每一个行业，在努力走出低谷后，能像女网姑娘一样创造奇迹。

②这一对为人世间所瞩目和赞颂的情人，永远只会在某条河的两岸遥遥相望，拘谨而平静地行着瞩目礼。

辨析：

二者为同义词，都是注意看的意思，但使用有所不同。“瞩目”可以和“举世”搭配，“注目”和“举世”搭配则不妥。非常大的范围关注当用“瞩目”，小的范围关注当用“注目”。语法功能不同：“注目”常用于兼语句，“瞩目”则不能。构词能力不同：“注目”能构成“注目礼”，“瞩目”则没有构词能力。

自绝——自决

正例：

①再往后，他去某资本主义国家参加活动，并在那里背叛祖国，走上了自绝于人民的道路。　李大卫《蓝桥遗梦》（《大家》1998 年第 4 期第 125 页）

②文末他强调了“三大信誓”：改造强盗世界，不认秘密外交，实行民族自决。　陈漱渝《诚实谦和的李大钊》［《人民

日报》（海外版）2009 年 4 月 17 日第 07 版］

错例：

跳楼都是神不知鬼不觉地做自由落体，警察到了只剩下验尸或者说验收的份儿，证明死者的非正常死亡是自决于人民，与他人无关，然后在户口本上将其一笔抹去。

辨析：

“自绝”与“自决”都是动词，但词义不同。自绝：做了对不起人的事而不愿悔改，因此自行断绝跟对方之间的关系（多指自杀）。如：自绝于人民。自决：有两义。一为自己决定自己的事。如：民族自决。二为书面语，指自杀，相当于“自裁”“自尽”。

琢磨——捉摸

正例：

①余心清的这顿午饭，吃得很不踏实。他嘴里嚼着饭菜，心里却不住地暗自琢磨：“孙连仲为什么如此急迫地要找王冶秋呢？” 苏文洋《交道口·24 号》（《北京晚报》2009 年 11 月 6 日第 45 版）

②除此以外，就是静寂，静寂得使我们的耳朵里有嘈杂的、极远的又是极近的、极洪大的又是极细切的、不可捉摸的声响。像春蚕在咀嚼桑叶，像马在平原奔驰，像山泉在呜咽，像波涛在澎湃。 陆定一《老山界》（解放军出版社《星火燎原全集》，《北京青年报》2009 年 10 月 13 日 C7 版·每日连载）

错例：

①走到新华书店门前，他看见三个穿戴整齐的男青年蹲在路边，其中一个身材较胖，穿蓝色小棉袄，不时回过头向北边张望，在车水马龙的大街上，这个情景太司空见惯了，然而毛

子圣却在脑子里捉摸起来，感到这三个人有些不正常。

②可世上的事情就这么让人难以琢磨，你越不信的事越要发生，成了事实之后来堵你的嘴。

辨析：

捉摸：猜测；预料（多用于否定语）。常用短语有：捉摸不定；不可捉摸；难以捉摸。琢（zuó）磨：反复思索；考虑。常用短语有：琢磨很久；暗自琢磨；反复琢磨。

“琢磨”还读 zhuómó，此时有两个意思：一个是雕琢、打磨玉石。如：这块玉石琢磨后变得圆润、光洁，非常漂亮。另一个意思是对诗文进行加工。如：这篇文章内容不错，语言还要再琢磨一下。

图书在版编目（CIP）数据

音近词辨析手册 / 高玉林，刘配书著. —北京：中国国际广播出版社，2013.4
ISBN 978-7-5078-3606-6

Ⅰ. ①音… Ⅱ. ①高… ②刘… Ⅲ. ①汉字－同音字－辨析－手册 Ⅳ. ①H124.3-62

中国版本图书馆CIP数据核字（2013）第043346号

音近词辨析手册

著　　者	高玉林　刘配书
责任编辑	张淑卫
版式设计	国广设计室
责任校对	徐秀英
出版发行	中国国际广播出版社（83139469　83139489[传真]）
社　　址	北京复兴门外大街2号（国家广电总局内） 邮编：100866
网　　址	www.chirp.com.cn
经　　销	新华书店
印　　刷	北京广内印刷厂
开　　本	850×1168　1/32
字　　数	100千字
印　　张	8
版　　次	2013年4月 北京第一版
印　　次	2013年4月 第一次印刷
书　　号	ISBN 978-7-5078-3606-6 / H・400
定　　价	20.00元

CRI 中国国际广播出版社　欢迎关注本社新浪官方微博　官方网站 www.chirp.cn